高山先生の**若手スタッフシリーズ**【スピンオフ編】

フリーランスの私、初めて確定申告してみた

税理士 高山 弥生 著

税務研究会出版局

はじめに

　サラリーマンにとって税金は会社が勝手に計算して給料から天引きしていくものですが、晴れてフリーランスとなった暁には自分で税金の計算をし、納税をしなくてはなりません。会社を辞めて独立して初めて税金と本気で向き合うことになるわけですが、確定申告をするための準備をしていると、疑問はいくつも出てきます。

　どんな資料を集めなくてはならないの？
　どうして入金された売上には端数があるの？
　今日、カフェで払ったコーヒー代は経費になるの？
　青色申告がいいって聞いたけど青色申告って何？
　おトクな節税方法を知らなくて損しているかも？

　このような、フリーランスの方が疑問に感じる内容にお答えすべくこの本を書きました。イラストレーターとして独立した主人公の西村さんと、美容師として独立開業した小林さんが税理士の梅沢さんに確定申告を教わりつつ、素朴な疑問を投げかける会話スタイルで話が進行しますので、気負わずに読んでいただけると思います。
　上記の他にも、最近話題となっている NISA や iDeCo、ふるさと納税、小規模企業共済、経営セーフティ共済などおトクな情報も盛りだくさんですし、電子帳簿保存法やフリーランスに多大なる影響を与えるといわれているインボイス制度についても解説していますので、すでに確定申告の経験がある方であっても、参考になる内容となっています。また、前著『個人事業と法人　どっちがいいか考えてみた』を合わせてお読みいただくと、より理解が深まりますし、この先に待ち構える「法人成り」を考えるきっかけになるのでおススメです。

　今回も執筆にあたりたくさんの方にご支援いただきました。
　本書の企画に全面的なサポートをしていただいた税務研究会出版局の

中村隆広様、田中真裕美様、企画の段階から相談に乗っていただいた税理士の花島恵様、社会保険労務士・行政書士の徳永潤子様、3人の可愛いイラストを描いてくださったイラストレーターの夏乃まつり様、アドバイスをいただいた税理士の吉羽恵介様、税理士の山中朋文様、税理士の大原庸一様、税理士の高城重康様、お忙しい中ありがとうございました。

　尊敬する税理士のひとりであり、夫である村田顕吉朗。前作のあとに間を置かず執筆していたため家の中がカオスの時もあったけれど、あなたのサポートのおかげでなんとか今回も書き上げることができました。いつもありがとう。

　この本を手に取ってくださった皆様に、税金の面白さが伝わることを願って。

　令和3年11月

税理士　高山　弥生

キャラクター紹介

梅沢 みきひさ

45歳。
税理士になって
15年以上の
ベテラン税理士。

小林 瞬

35歳。
美容師。
去年、独立し
個人事業主となった。

西村 アキコ

32歳。
イラストレーター。
5才の子を持つ
シングルマザー。

目　次

本書は、令和3年11月15日現在の法令に基づいています。
また、文中の意見部分は私見が含まれます。

第1章

フリーランスは
大変だ

お正月も早々に、税理士の梅沢さんのところには個人事業主の方が税金について相談に訪れます。今年は美容師の小林さんが独立して初めての確定申告ですが、小林さんのお客さんであるイラストレーターの西村さんも去年独立したとのこと。小林さんによると、西村さんは申告の準備を何もしていないようで、心配した小林さんが西村さんに声をかけ、一緒に梅沢さんのところへ訪れたのでした。

① フリーランスは申告をしなくちゃいけないらしい

西村さん初対面

 今日はよろしくお願いします。西村さん、うちの美容院に来てくれているんですけどカット中にお話ししてると、なんか大丈夫かな？って心配になっちゃって。それで今日は一緒にお邪魔したんです。

西村さん、初めまして。税理士の梅沢です。

 西村です、よろしくお願いします。数字苦手だし、わからないので何もしていなくて。

じゃあ、最初の質問です。西村さんは税務署に届出とかは出してますか？

 届出って何ですか？

わかりました、大丈夫です。順を追ってご説明しますね。

 まずかった？

 いや、しょうがないよ。僕も梅沢さんがお客さんじゃなかったら何も知らなかったし。今までは会社が全部やってくれて楽だったのになあ。独立して余計な仕事が増えたというか。

2

日本は申告納税制度

今の小林さんの状態が正しい本来の姿なんですよ。

そうなの？

日本では、申告納税制度が採用されていますから。

シンコクノウゼイセイド？

納税者自らが、税務署へ所得の申告を行うことにより税額を確定させ、この確定した税額を納税者が自ら納付する、これが原則。サラリーマンの税金の計算・納税を年末調整で会社がしてくれるのは徴税の利便性のための例外なんですよ。

知らなかった！

所得税もですけど、住民税って会社がお給料支払い時に差し引いて、納付してくれますよね？

お給料から勝手に引かれてるヤツね。天引きでしょ？

そうです。住民税の天引きを「特別徴収」っていうんです。所得税の天引きは「源泉徴収」。

確かにお給料から所得税や住民税といった税金とか社会保険料とか勝手に天引きされてたけれど、それ普通でしょ？ 何が特別なの？

 「会社が天引きして納付してくれること」がですよ。原則は「税金は自分で納付」ですからね。自分で納付することを「普通徴収」っていうんですよ。

 いやそれ、日本のサラリーマンにとっては普通じゃないですよ。

 日本はサラリーマンが多いから「特別徴収」が普通に感じますが、会社が税金を天引きして年末調整して納めてくれるのは、申告納税制度から見ると原則から外れて特別なんです。

 普通なことが「特別徴収」って名前なんだ！

 紛らわしい〜。何でも会社がやってくれたサラリーマン時代が懐かしい……。

 わからないことだらけ。なんでフリーになりたいなんて思ったんだろう。

 頑張って売上上げて、必死に自分で税金計算したらたっぷり税金とられたりして。

 こわ〜い😱

ポイントを押さえれば大丈夫ですよ！　確定申告ってトクすることだっていっぱいあります。

2 収入から引けるもの、引けないもの

収入から引けない住民税

じゃあ、早速始めましょうか。

小林さんに教えてもらって、とりあえず去年に払ったものとかを集めてきたけど……。

西村さんの資料

・源泉徴収票
・生命保険料控除証明書
・住民税の納付書
・取引先からの支払調書
・ふるさと納税の寄附金証明書

・国民健康保険の納付確認書
・国民年金保険料控除証明書
・仕事のために購入したものの領収書（レシート）
・医療費の領収書

使えるのかどうかもわからず、とりあえず🐝

この中で、使わないものが一つありますね。それは住民税の納付書。

これ、納付書が届いたから納めたけれど、住民税って何？

サラリーマンは所得税と住民税を納税する必要があるんですよ。サラリーを得ている国民が1年間に稼いだ所得に対してかかる税金です。この2つは似ていますが、所得税は国に納めて、住民税は市区町村に納めます。

フリーランスと個人事業主の違い

所得税や住民税では、「収入」から引けるものを「必要経費」、収入から必要経費を引いたものを「所得」といいます。

あれ？　簿記だと収入から経費を引いたら「利益」だったけど？

ま、おんなじです。税金の世界だと利益を「所得」っていいます。
事業収入－必要経費＝事業所得。

事業？

西村さんはさっき、ご自身のことフリーっておっしゃいましたよね。

私みたいな仕事をしてる人をフリーランスっていうんでしょ？

仕事の種類というより、働き方ですね。誰かに雇用されているのではなく西村さん本人が事業主体となってお仕事してますよね、そういう仕事の仕方をしている人がフリーランス。

雇用されてないからフリーランスなのか。じゃあ僕もフリーランス？

「フリーランス」の語源は中世の君主を持たない騎士。金次第では今日と明日の雇い主が変わる、いわゆる傭兵です。フリーランスはライターとかSE、編集者あたりの、外注でお仕事をもらっている方をイメージしていただけるといいかと。

僕は外注じゃないな。

働き方としては雇われていないですが、店舗があって人を雇っている場合はフリーランスではなくて「個人事業主」って呼ぶことが多いですね。

なるほど。

イラストレーターやSEのような、大手企業とかとの契約で外注的な働き方をフリーランスと呼んで、小林さんのように、店舗を構えて人を雇っている方は個人事業主、と呼び分けてる感じがありますが、西村さんも個人事業主ですよ。

個人事業主……？

税金の世界では、雇われるのではなく自分が事業主体として仕事をして得た収入を「事業収入」、利益を「事業所得」といいます。株式会社とか合同会社とか、法人を設立していないから「個人」を頭につけて、事業の主だから「個人事業主」。

法人じゃないから「個人事業主」。

私は税金の世界だと「個人事業主」で、事業収入から経費を引いた利益は「事業所得」なのね。

事業収入	
事業所得	必要経費

所得控除

その利益である「事業所得」に税率をかけて所得税額を出すと思いきや、所得税にはさらに引けるものがあるんですよ。「所得控除」といいます。

所得控除？

経費ではないけれど、所得税法が納税者の個々の状況を加味してくれて、利益、つまり所得から引くことができるものです。扶養親族がいる、生命保険料を払ってるから税金が少し安くなるとか、聞いたことありませんか？

親戚に言われたことある！　子どもが16歳になったら税金安くなるよって！

それですね。所得税は、養わないといけない子どもや親がいればお金がかかるでしょう、と所得から一定額を引いて税金を計算してくれるんです。**個々人の状況を勘案してくれる。それが所得控除。**

所得税って優しいんだ。

優しい？　子どもが16歳にならないと税金安くならないのよ？　うちなんてあと11年もある。

あれ？　子どもが小さいと税金って安くならないの？

扶養控除は16歳以上からが対象です。西村さんは今、児童手当を受給してますよね？　国は、16歳未満は税負担を軽くするのではなくて、給付という形で対処しているんですよ。

税金は安くならないけど、もらえてるのね❤

生命保険料も、事業の売上を上げるために支出したものではないから必要経費ではないけれど、国としては相互扶助のために国民が生命保険に入ることを推奨しているので一定額を所得から引いていいよ、ってされているんです。

事業収入		
事業所得		必要経費

課税所得金額		所得控除
手残り	税金	

売上から必要経費を引いて、所得控除を引いて、残った所得に税率をかけたものが税金です。

引けるものが多ければ所得も小さくなって税金も少なくなる。所得控除ってありがたいな。

だから小林さん、払ったものを取っておいて、って言ってたのね。

でも、住民税は、この「必要経費」にも「所得控除」にも当てはまらないんですよ。

えー！　ショック！　住民税、こんなに高いのに引けないなんて！

あれ？　僕、住民税納めてない気がする。

小林さんは退職が去年の6月だったでしょう？　退職した月のお給料から、退職しなければ6月から翌年5月までかけて天引きされるはずだった住民税がまとめて天引きされたんじゃないですか？

> **退職時の住民税**
> ・退職日が1月1日から4月30日の場合
> 　→退職月から5月支払い分までを一括して特別徴収
> ・退職日が5月1日から5月31日の場合
> 　→通常通りの特別徴収
> ・退職日が6月1日から12月31日の場合
> 　→翌年5月まで一括して特別徴収か普通徴収を選択

 だから最後のお給料がやたら少なかったのか。

 ちゃんと明細見てくださいよ。これは退職者へ意思確認が入るはずなんですけどね。

 住民税、令和4年の分はどうなるんだろう?

 令和4年の6月あたりに納付書が届きますよ。西村さんはいつ退職しました?

 令和3年の8月です。

 会社から聞かれませんでした?　最後のお給料から天引きするか、自分で納めるか。

 自分で払うって返事をした気が。住民税、高くて納めるの大変だったのに控除できないなんて……この中に、他にも引けないものってある?

えーっと、他は大丈夫そうですよ。西村さんが持ってきた資料はこんな感じで分けられますね。

〈収入を把握するためのもの〉

源泉徴収票（給与収入）
取引先からの支払調書（事業収入）

〈事業の経費となるもの〉

領収書（レシート）

〈所得控除となるもの〉

国民健康保険の納付確認書
生命保険料控除証明書
国民年金保険料控除証明書
医療費の領収書
ふるさと納税の寄附金証明書
源泉徴収票の「社会保険料等の金額」

③ サラリーマンの引けるもの、引けないもの

源泉徴収票の見方

 お次は源泉徴収票を見てみましょうか。

 ちょっと恥ずかしいな。

年の途中で退職した令和３年の分は、年末調整をされていないから数字が入っていない欄がありますね。

令和3年分　給与所得の源泉徴収票

	住所又は居所				(受給者番号) 001000001			
支払を受ける者	東京都渋谷区笹塚〇-〇-〇				(役職名)			
					氏名	(フリガナ) ニシムラ アキコ 西村 アキコ		

種　別	支　払　金　額	給与所得控除後の金額（調整控除後）	所得控除の額の合計額	源泉徴収税額
給　与	内　　　　　　円 2,000,000	円	円	内　　　　　円 42,160

（源泉）控除対象配偶者の有無等		配偶者（特別）控除の額	控除対象扶養親族の数（配偶者を除く。）					16歳未満扶養親族の数	障害者の数（本人を除く。）			非居住者である親族の数
有	従有	老人		特　定		老　人		その他		特　別		その他	
		千　　　円	人 従人	内	人 従人	人 従人	人	人	内	人	人	人

社会保険料等の金額	生命保険料の控除額	地震保険料の控除額	住宅借入金等特別控除の額
内　　　　　　円 292,240	円	円	円

(摘要) 年調未済

西村さんは、8月までの間に、お給料200万円、そこから所得税（源泉徴収税額）42,160円と社会保険料292,240円が天引きされていて、この紙からは見えないけれど、住民税も天引きされて会社が払っていたんです。住民税は引けないからいくらかわからなくても大丈夫。

天引きされているときは気づかなかったけど、社保高い💧

この社会保険料は所得控除の対象ですよ。所得税の優しさの部分ですね。

やった、引けるんだ。

令和3年分　　給与所得の源泉徴収票

支払を受ける者	住所又は居所	東京都品川区北品川×-×-×				

（受給者番号）001000001/●●●●●

（役職名）

氏名	（フリガナ）スズキ　タロウ　鈴木　太郎

種別	支払金額	給与所得控除後の金額（調整控除後）	所得控除の額の合計額	源泉徴収税額
給与	内　3,000,000 円	2,020,000 円	内　1,038,360 円	内　50,000 円

（源泉）控除対象配偶者の有無等		配偶者（特別）控除の額	控除対象扶養親族の数（配偶者を除く。）						16歳未満扶養親族の数	障害者の数（本人を除く。）				非居住者である親族の数
			特定		老人			その他		特別		その他		
有	従有	千　　　　円	人	従人	内　　人	従人	人	従人	人	内　　人	人	人	人	人

社会保険料等の金額	生命保険料の控除額	地震保険料の控除額	住宅借入金等特別控除の額
内　438,360 円	120,000 円	円	円

（摘要）

12月末まで在籍して、年末調整を受けた人の源泉徴収票はこんな感じです。

西村さんの源泉徴収票には数字が入っていなかった欄にも数字がある。何のことかサッパリわからないけど。

支払金額が年収です。これはOKですよね。その隣の「給与所得控除後の金額」でギブアップしてしまう方が出るんだろうと思うんですけど。

ギブアップ組です。

サラリーマンの経費（給与所得控除）

さっき、事業所得は稼ぐために支出したものを収入から経費として引く、って言いましたよね。でも、給料に経費ってあります？　年末調整のときに、会社にレシート提出したりしてないでしょ？

した記憶がないなあ。

サラリーマンにも、仕事関連のことを家で勉強するための書籍代とか、通勤に着るスーツだとか、経費はかかりますけど、それを会社に提出して、人事部が私的な支出が紛れてないかなんてチェックしてたら年末調整なんて終わらない。

そこで、国は「概算経費」を用意したんです。それが給与所得控除です。年収がいくらの人は、経費いくらですね、ってあらかじめ決めておくことにしたんです。

【給与所得控除額】

給与等の収入金額 （給与所得の源泉徴収票の支払金額）	給与所得控除額
1,625,000 円まで	550,000 円
1,625,001 円から　1,800,000 円まで	収入金額×40％−100,000 円
1,800,001 円から　3,600,000 円まで	収入金額×30％＋80,000 円
3,600,001 円から　6,600,000 円まで	収入金額×20％＋440,000 円
6,600,001 円から　8,500,000 円まで	収入金額×10％＋1,100,000 円
8,500,001 円以上	1,950,000 円（上限）

サラリーマンは経費の集計をするんじゃなくて、年収で経費が決まるんだ。

年収300万円の人は、経費は300万円×30％＋8万円なので98万円。「給与所得控除後の金額」に書いてあるのは、年収300万円から概算経費98万円を引いた額なんですよ。

なるほど！　初めて理解できた。

所得控除の額の合計額

じゃあ、その隣の「所得控除の額の合計額」は？

それは、所得控除の合計ですよ。経費じゃないけど引くことのできるものの合計。所得税の優しさの部分ですね。扶養親族がいるとか、社会保険料を払っていることによる所得控除の額を合計した額です。

うそ、社会保険料438,360円、生命保険料の欄に120,000円があるけど、この2つを足しても1,038,360円にならないもん。

社会保険料と生命保険料に、基礎控除の48万円を加算した額なんですよ。人間の生存最低限の額には課税しないように、「基礎控除」というものがあるんです。

とりあえず、人がひとり生きてると48万円控除できるんだ。

所得がうんと高い方は額が減ったりなくなったりするんですけどね。

給与収入		
給与所得		給与所得控除

課税所得金額		所得控除
手残り	税金	

「給与所得控除後の金額」がこの図の給与所得で、「所得控除の額の合計額」が図の所得控除。

そうです、見えてきたみたいですね。

概算経費か実際に支払った経費かの違いはあるけど、収入から経費を引いて、さらに所得控除を引いた残りに税率をかける、という計算構造は給与所得も事業所得も同じなんだわ。

あれ？ 僕も西村さんも、給与所得も事業所得もあるけどどうやって計算するの？

給与所得と事業所得を合計して、今年の所得を出します。その合計した所得から所得控除を引くんですよ。

なるほど。

 生命保険料控除証明書、医療費の領収書、ふるさと納税の寄附金証明書あたりは、社会保険料等と違って払った全額が控除できるわけじゃないですけど、所得控除の仲間です。

 ふるさと納税がお得だって聞いて意味もわからずやってたけれど、所得から引けるのでお得なのね。

 所得控除の資料は、今はしまっておきましょう。あとで使います。

 会社勤めの時は、こんな計算構造なんて考えたこともなかった💦 これからは自分でやらなきゃいけないなんて。

 そのうち慣れますから大丈夫。

第2章

まず、売上は
いくら？

　収入から引けるものには、儲けるために支出した経費だけではなく「所得控除」もあることを知った西村さん。所得税の計算は収入から必要経費と所得控除を引いて、あとは税率をかけるだけ。そんなに難しくなさそうですが、西村さん、自分の売上がわからないようです……。

1 源泉徴収は給料だけじゃない

ピッタリ請求したはずなのに端数がある？

事業収入	
事業所得	必要経費

事業でいくら儲かったかを計算する資料を見ていきましょう。まず収入から。売上のわかる資料は？

 支払調書取ってあります！

取引先からの支払調書ですね。西村さん、請求書を発行してないんですか？

 請求書、くれって言われたことないけど？

残念ながら支払調書では売上の管理ができているとはいえないんですよ。

 え？　そうなの？

取引先からこれこれこういう件名でおいくらお支払いしますみたいな明細書は？

 来てたような気がするけれど、捨てちゃいました。

ありゃりゃ🌀　預金通帳あります？

これです。

A 社と B 社の入金は……ありましたね。

A 社からの振込額　99,790 円
B 社からの振込額　197,538 円

個人事業主は源泉所得税を天引きされることも

こんな端数を請求したつもりないのに、どうしてこんな数字が振り込まれてるんだろう？　振込手数料とも違うみたいだし……。

それ、源泉徴収ですよ。デザイン料や原稿料を支払う会社は、支払先が個人事業主なら、所得税を天引きして支払わなきゃいけないんです。源泉徴収義務といいます。

この天引きする所得税のことを源泉所得税といいます。支払われる金額が 100 万円以下の場合、10％引かれます。正確には復興特別所得税も含めて 10.21％。

つまり、税金が天引きされてるってこと？

ええ。お給料とかも、税金を差し引かれた残額が振り込まれたでしょう？　それと同じです。

天引きのせいで端数が出てたの。

源泉所得税の天引きはお給料だけじゃなくて、個人事業主に報酬を支払うときもしなきゃいけないんです。法人に支払うなら天引きはしなくていいのですが。

お仕事をくれた会社は西村さんに支払うとき、個人事業主か法人か聞いたのでは？

……確かに聞かれた、個人ですか？って。よくわかんなくて「え？」っていったら会社組織ですか？って聞かれて、違うって答えたんですよ。

「個人ですか？」って個人事業主ですか？って意味だったんだね。

やっとわかった！　わかったのはいいけど、法人なら天引きされないのに個人事業主だと税金天引きされて報酬が減っちゃうなんてヒドイ。

確定申告すれば全額じゃないですけど戻ってきますよ。

ホント？　よかった！　でもなんで？

天引きは確定申告させるための人質

天引きされた源泉所得税は、所得税の前払いです。国民の中には確定申告をめんどくさがったり忘れてしまう人もいます。それだと国は税金を取りっぱぐれてしまうので、申告を忘れても国が損しないように、報酬の支払い側に天引きさせて納付させるんですよ。

それが、確定申告するといくらか戻ってくる……なんだか年末調整みたいだな。

年末調整って確定申告のミニチュア版ですから。天引きされた人はたいてい確定申告をすれば税金が戻ってくるので、確定申告をしようと考えますよね。天引きされた源泉所得税は、確定申告させるための人質なんですよ。

確定申告するとお金が戻ってくるなんて、やる気でてきた！

このシステムを考え出した人、天才だな

税金を戻してもらうためには、いくら売り上げたのか、いくら源泉所得税を天引きされたのかハッキリさせないと。

天引きされる報酬は決まっている

 あれ？　僕、個人事業主だけど、カット料もらうとき、お客さんから源泉所得税を天引きなんてされたことないですよ？

支払時に源泉所得税を天引きする報酬は決まってるんですよ。美容師さんに支払うカット料は天引きしなくていい報酬です。

報酬・料金等の支払を受ける者が個人の場合の源泉徴収の対象となる範囲

イ　原稿料や講演料など
　　ただし、懸賞応募作品等の入選者に支払う賞金等については、一人に対して1回に支払う金額が5万円以下であれば、源泉徴収をしなくてもよいことになっています。

ロ　弁護士、公認会計士、司法書士等の特定の資格を持つ人などに支払う報酬・料金

ハ　社会保険診療報酬支払基金が支払う診療報酬

ニ　プロ野球選手、プロサッカーの選手、プロテニスの選手、モデルや外交員などに支払う報酬・料金

ホ　映画、演劇その他芸能（音楽、舞踊、漫才等）、テレビジョン放送等の出演等の報酬・料金や芸能プロダクションを営む個人に支払う報酬・料金

ヘ　ホテル、旅館などで行われる宴会等において、客に対して接待等を行うことを業務とするいわゆるバンケットホステス・コンパニオンやバー、キャバレーなどに勤めるホステスなどに支払う報酬・料金

ト　プロ野球選手の契約金など、役務の提供を約することにより一時に支払う契約金

チ　広告宣伝のための賞金や馬主に支払う競馬の賞金

ここに書かれていないなら源泉徴収する必要はありません。

カット料をもらうときにイチイチ源泉所得税を天引きなんてめんどくさくてかなわないからありがたいけれど、西村さんみたいに税金が戻ってくるのは羨ましいなあ。

天引きされていた源泉所得税より確定申告で計算した年間の税額が少なかった場合、電子申告をすれば2週間くらいで税金は戻ってきます。

予定納税

僕は天引きがなくて確定申告する3月に1年分ドカッと税金を納めなきゃいけないから資金繰りが大変そう。

所得税には前年分の税額が15万円以上の場合、「予定納税」といって前年分の申告納税額（確定申告書第1表㊾）の1/3を7月と11月に前払いする制度がありますから、1年分を一度に納めることにはならないですよ。でも、開業年は去年の申告納税額がないから1年分ですね。

	項目		番号	金額
の計算	差引所得税額 (㉛−㉜−㉝−㉞−㉟−㊱−㊲−㊳−㊴−㊵)		㊶	
	災害減免額		㊷	
	再差引所得税額(基準所得税額) (㊶−㊷)		㊸	
	復興特別所得税額 (㊸×2.1%)		㊹	
	所得税及び復興特別所得税の額 (㊸+㊹)		㊺	
	外国税額控除等	区分	㊻~㊼	
	源泉徴収税額		㊽	
	申告納税額 (㊺−㊻−㊼−㊽)		㊾	
	予定納税額 (第1期分・第2期分)		㊿	
	第3期分の税額 (㊾−㊿)	納める税金	(51)	00
		還付される税金	(52)	△

報酬・料金を支払う側になったとき天引きする必要はあるのか？

24 ページの一覧、特定の資格を持つ人って書いてあるけど、税理士も入るの？

ええ、入りますよ。

私が梅沢さんに報酬を支払ったら、源泉所得税を天引きしなきゃいけないの？

西村さんは誰かを雇ってますか？

ひとりでやってるので誰も雇ってないです。

その場合は税理士に報酬を支払っても源泉所得税を天引きする義務はないですよ。

僕は人を雇っているから、梅沢さんに報酬を支払うとき、源泉所得税を天引きする義務がある？

ええ、小林さんはスタッフがいて、お給料払って源泉所得税の天引き義務がある人だから、個人事業主の税理士に報酬を支払った場合、源泉所得税の天引き義務がありますね。

 僕はカット料をもらうときに源泉所得税の天引きはされないけれど、自分が報酬を支払うときは天引きしなきゃいけないのか！

 人を雇うとこんなところも注意しなきゃいけないのね。

小林さんはスタッフを雇っていて源泉所得税の天引き義務があるので、スタッフの給料の額が少なくて源泉所得税額が0円であっても、先ほどの一覧の報酬・料金を支払うときは、源泉所得税の天引きが必要です。

 マジか🍀　気づかないよ、そんなの🍀

通常、請求側が源泉所得税の天引きされる報酬・料金かどうかわかってますので、請求書に源泉所得税の天引き額は記載されてきます。報酬を支払った翌月の10日までに税務署に納付することを忘れなければ大丈夫ですよ。

 私に報酬を支払う会社は源泉所得税の天引き義務があるから、私が請求書を作るとき、源泉所得税の天引き部分を忘れないようにしなきゃなのね。気を付けなきゃ。

支払調書の見方

支払調書の内書きって何？

A 社

令和 3 年分 報酬、料金、契約金及び賞金の支払調書　㊸

支払を受ける者	住所(居所)又は所在地	東京都渋谷区笹塚〇-〇-〇			
	氏名又は名称	西村　アキコ		個人番号又は法人番号 ＊＊＊＊＊＊＊＊＊＊＊＊	
区　分	細　目	支払金額		源泉徴収税額	
原稿料		内 50,000 150,000		内 5,105 15,315	
(摘要) 外消費税等　15,000円					

B 社

令和 3 年分 報酬、料金、契約金及び賞金の支払調書　㊸

支払を受ける者	住所(居所)又は所在地	東京都渋谷区笹塚〇-〇-〇			
	氏名又は名称	西村　アキコ		個人番号又は法人番号 ＊＊＊＊＊＊＊＊＊＊＊＊	
区　分	細　目	支払金額		源泉徴収税額	
原稿料		220,000		22,462	
(摘要)					

A 社からの振込額　99,790 円
B 社からの振込額　197,538 円

 B 社は 22 万円から源泉所得税 22,462 円差し引かれていて 197,538 円で入金額と一致。

 でも、A 社は 99,790 円しか振り込まれてないのに、支払調書には 15 万円と源泉所得税が 15,315 円って書いてあって、15 万円から 15,315 円引いたら 134,685 円でしょ。これおかしくない？

二段書きになってる上の段が未払の分なんですよ。「内書き」っていいます。令和 3 年中にお仕事してもらったけれど、まだ払ってないよ、って言ってるんです。

 あ、令和 4 年にも振り込まれてた。

ですよね。

 でも、内書きの金額、50,000 円から 5,105 円を引くと 44,895 円なのに、令和 4 年の入金額は 49,895 円。間違えて振り込んだのかな？　もしかしてちょっとラッキー？

それは下の摘要のところ、外消費税等って書いてあるでしょ？　「外消費税等」とある場合は支払金額のところの金額が税抜きなんです。書いてない B 社は税込みですね。

44,895円は消費税抜きの額なんです。振込時には消費税5,000円をプラスして49,895円を入金してきているのでそれでOKなんですよ。

なあんだ、トクしたわけじゃなかったのね。

A社の令和3年の振込は、15万円－5万円＝10万円に消費税1万円を足して11万円、これから源泉所得税15,315円－5,105円＝10,210円を引いて99,790円の振込。合ってますね。

A社	税抜金額	消費税	税込金額	源泉所得税	振込金額
令和3年入金	100,000円	10,000円	110,000円	10,210円	99,790円
令和4年入金	50,000円	5,000円	55,000円	5,105円	49,895円
合計	150,000円	15,000円	165,000円	15,315円	149,685円

入金額から天引き前の金額を逆算する

C社からも69,853円入金がありますけど、支払調書ってありますか？

そういえば、もらってない！　やだ、忘れてるのかしら。

支払調書って実は、会社は西村さんに対して発行義務はないんですよ。今の時期に届いてないならもらえないかも。

そんな😖　どうしよう、いくら請求したか覚えてない😖

通帳の入金額から売上額を逆算しましょう。

0.9979 で割り返してピッタリ……ピッタリの額に 1.1 をかけた金額が消費税込の請求額

0.9877 で割り返してピッタリ……その額が消費税込の請求額

じゃあ、69,853 円を割ってみればいい？

69,853 円÷ 0.9979 = 70,000 円

69,853 円÷ 0.9877 = 70,722.8915…

そう、7 万円！　これに消費税つけて 77,000 円請求したんだった！

C 社への請求が 77,000 円で、天引きされた源泉所得税は 7,147 円ですね。

わかって、よかった～。

原則の計算方法は B 社の方法なんですよ。

？

請求書等で報酬の額と消費税等の額が明確に区分されている場合のみ、消費税抜の額に 10.21% の 0.9979 で割り返してピッタリの額が許されるんです。

西村さんは請求書を発行していないので、原則の方法である、消費税込の額に 10.21% をかけて天引きする源泉所得税の額を計算する必要があります。つまり、0.9877 で割り返したときにピッタリであるべきなんです。

請求書で報酬と消費税等の額が
明確に分かれている場合

原則

源泉所得税の額 10,000×10.21% =1,021	消費税抜の額 10,000	源泉所得税の額 11,000×10.21% =1,123
	消費税額 10,000×10%＝1,000	

10,000－1,021＋1,000
＝9,979

振込額

11,000－1,123
＝9,877

「この額をお支払いします」って明細を送ってきてたようですので、それに報酬の額と消費税等の額が区分されていたのでしょう。

 売り上げた側が請求書を作成していなくても大丈夫なんですか？

サービスを受ける側や仕入側が作成する書類であっても、必要事項がきちんと記載されているなら請求書等と同様に扱うことができますよ。

原則の方法だと、消費税分、天引きする源泉所得税の額も増えて、西村さんの手取り額が減っちゃうから、フリーランスの方に気を遣って原則ではない方法で計算してるのかもしれませんね。

税務署はいくら売上があったか知っている

 素朴な疑問。会社は支払調書を私に出す義務はないなら、支払調書ってどこに出すものなの？

税務署ですよ。

 税務署？

会社は支払調書を西村さんのような外注先に発行する義務はないけれど、税務署には出さなきゃいけない。税務署はこの支払調書と確定申告書を見比べて、売上をごまかしてないかなってチェックするんですよ。

 じゃあ、私の収入はすべて税務署に通知がいっているの？

同じ会社から年間5万円以上もらった場合はそういうことになりますね。

 僕のお客さんは？ 支払調書を税務署に出してるなんて聞いたことないけど

美容師さんにカットしてもらって代金を支払っても支払調書を税務署に提出しなきゃいけない義務はありません。義務があるのは、以下の報酬や料金を払った場合なんです。

「報酬、料金、契約金及び賞金の支払調書」の提出範囲

(1)　外交員、集金人、電力量計の検針人及びプロボクサー等の報酬・料金、バー、キャバレー等のホステス等の報酬・料金、広告宣伝のための賞金については、同一人に対するその年中の支払金額の合計額が50万円を超えるもの

(2)　馬主に支払う競馬の賞金については、その年中の1回の支払賞金額が75万円を超えるものの支払を受けた者に係るその年中の全ての支払金額

(3)　プロ野球の選手などに支払う報酬、契約金については、その年中の同一人に対する支払金額の合計額が5万円を超えるもの

(4)　弁護士や税理士等に対する報酬、作家や画家に対する原稿料や画料、講演料等については、同一人に対するその年中の支払金額の合計額が5万円を超えるもの

(5)　社会保険診療報酬支払基金が支払う診療報酬については、同一人に対するその年中の支払金額の合計額が50万円を超えるもの

西村さんへ支払う報酬は（4）になりますね。

報酬・料金を支払った場合の支払調書の提出義務

（4）には税理士ってある。僕が梅沢さんに年間5万円以上支払ったら、僕は税務署に支払調書を出さなきゃいけない？

そうなります。

僕は、税理士に報酬を払ったら、源泉所得税を天引きして、支払調書を提出する義務があるのか🦋

さっき、私が梅沢さんに報酬を支払っても源泉所得税の天引きの義務はないっていっていたけど、この支払調書もいらない？

いえ、この源泉所得税の天引きの義務と支払調書提出の義務は、報酬・料金の範囲が似ていますが違うものです。西村さんが僕に報酬を支払った場合、源泉所得税の天引きの義務はないですが、税務署へ支払調書の提出義務はありますね。

えー、大変🦋

大丈夫ですよ、税理士に顧問を依頼すると、西村さんの代わりに税理士が支払調書を作って税務署に提出してくれます。

3 売上はいくら？

入金していなくても納品済みなら売上だ

西村さんの令和3年の売上はこんな感じですね。

A社　165,000円　源泉所得税　15,315円
B社　220,000円　源泉所得税　22,462円
C社　 77,000円　源泉所得税　 7,147円

 A社、令和4年に振り込まれた分も入れたら多くないかな？

令和3年中に作品が納品済みなら令和3年の売上になります。単に振込が翌年にズレ込んだだけなので。

 入金されてなくても売上に計上しなきゃいけないの!?

入金されたかではなくて、納品したら売上なんです。なので、請求書を出して、売上帳をつけたほうがいいですよ。

 売上帳？

売上帳をつけよう

売上帳

年	月	日	取引先	摘要	金額	源泉	入金額	入金日	未収
令和3年	10	31	B社		220,000	22,462	197,538	11/30	
令和3年	11	30	A社		110,000	10,210	99,790	12/20	
令和3年	12	5	C社		77,000	7,147	69,853	12/25	
令和3年	12	25	A社		55,000	5,105			49,895
				合計	462,000	44,924	367,181		49,895

こんな表を作って、作品を納品したごとに記入するんです。エクセルで作りましょう。あとで申告書類の記入をするとき、収支内訳書だと主な売上先の年間合計が必要になるのでエクセルが便利ですよ。

収支内訳書

○売上（収入）金額の明細

（令和二年分以降用）	売上先名	所　在　地	売上（収入）金額
			円
	上記以外の売上先の計		
	右記①のうち 軽減税率対象	うち　　　　　円	計　①

入金したら入金日を記入することで未回収にも気づきやすいですし。

自分の売上……知りたいような、知りたくないような

独立したからには売上管理は必須ですよ。フリーランスの場合、請求書や領収書の発行が求められないこともありますけど、発行した方がいいと思います。エクセルで作ってPDFにしてメールに添付すれば。

 メールでOKなんだ♪

OK、というよりメールがおススメですね。紙だと、5万円以上の領収書は収入印紙を貼らなくちゃいけなくなりますが、電子領収書なら収入印紙がいらないので。

 そうなんだ！　メールなら切手代もいらないし、助かっちゃう。

電子取引の保存方法

メールで送った請求書や領収書ですが、**令和4年1月から、電子取引を行った場合、その電子取引の取引情報について、電磁的記録での保存が義務付けられる**ので、電磁的記録のまま保存することになります。

 電子取引？

 電磁的記録？

インターネットでの取引や、電子メールに請求書等のPDFを添付するというのが電子取引です。

電子取引の一例

・EDI 取引（Electric Data Interchange）（企業間の取引情報を電子化してやり取りする）
・インターネット等による取引
・電子メールにより取引情報を授受する取引（添付ファイルによる場合を含む）
・インターネット上にサイトを設け、そのサイトを通じて取引情報を授受する取引等

電磁的記録というのは電子データと思ってください。保存するときは検索機能を確保する必要があります。

 検索機能？

電子取引を、取引等の年月日、取引金額、取引先で検索できるようにするんです。

 それ、どうやったらできるの？

文書管理システムを購入するのが一番ですが、お金をかけたくないのであればエクセルで電子データの一覧表を作って、付番して電子データと番号でリンクさせる、とかですかね。

I　一覧表の作成により検索要件を満たす方法

 ①

 ②

 ③

連番	日付	金額	取引先	備考
①	20210131	110,000	㈱霞商店	請求書
②	20210210	330,000	国税工務店㈱	注文書
③	20210228	330,000	国税工務店㈱	領収書
④				
⑤				
⑥				

電子データのファイル名に検索項目を直接入力してしまう方法もありますよ。

II　ファイル名の入力により検索要件を満たす方法

(1)　請求書データ（PDF）のファイル名に、規則性をもって内容を表示する。

　　例）　2022年（令和4年）10月31日に株式会社国税商事から受領した110,000円の請求書

　20221031 ㈱国税商事　110,000

(2)　「取引の相手先」や「各月」など任意のフォルダに格納して保存する。

切手代かかっても紙で送ろうかな……。

自分が発行する分はそれでもいいですけど、相手から電子データで送られてきたものは電子データで保存しないとなので、どっちみち何かしら対応をしないとですよ。

大変〜。

取引の行われた前々事業年度の売上高が 1,000 万円以下の場合、税務調査のときに電子データのダウンロードの求めに応じることができるなら検索機能要件を満たす必要はないとされてはいます。でも、電子データは電子データで保存する必要があります。

売上高が1,000万円か。消費税の課税事業者判定みたい。

ここの 1,000 万円は「課税」売上高ではないので気を付けてくださいね。電子データの保存には他にも決まりがありまして。電子データで保存する際には**次のいずれかの措置**を行う必要があります。

・タイムスタンプが付された後の授受
・授受後速やかにタイムスタンプを付す
・データの訂正削除を行った場合にその記録が残るシステム又は訂正削除ができないシステムを利用
・訂正削除の防止に関する事務処理規程の備付け

タイムスタンプ？

ある時刻にその電子データが存在していたことと、それ以降改ざんされていないことを証明する技術ですね。電子データは簡単に改ざんできるので、改ざんしてませんよって証明するためにタイムスタンプをつける必要があるんですよ。

これって、お金かかりますよね？

 かかります。会計システムによってはタイムスタンプ機能を含んでいるものもあるので、そういうシステムを使うのも一案ですね。

 会計システムを選ぶのもよく考えなくちゃ。

 お金をかけない方法としては4つめの事務処理規程の備付けになりますが、「電子取引データの訂正及び削除の防止に関する事務処理規程」のサンプルがありますので（次ページ参照）、それを自社用に加工して備え付けるのがいいかと。

 備え付ける？

 作成して事務を処理するマニュアルとかにファイリングしてください。もちろん、ファイリングだけじゃなくてこの規程どおり運用してくださいね。

 請求書とかは全部紙でやりとりしたい……。

電子取引データの訂正及び削除の防止に関する事務処理規程

　この規程は、電子計算機を使用して作成する国税関係帳簿書類の保存方法の特例に関する法律第7条に定められた電子取引の取引情報に係る電磁的記録の保存義務を適正に履行するために必要な事項を定め、これに基づき保存することとする。

（訂正削除の原則禁止）
　保存する取引関係情報の内容について、訂正及び削除をすることは原則禁止とする。

（訂正削除を行う場合）
　業務処理上やむを得ない理由（正当な理由がある場合に限る。）によって保存する取引関係情報を訂正又は削除する場合は、「取引情報訂正・削除申請書」に以下の内容を記載の上、事後に訂正・削除履歴の確認作業が行えるよう整然とした形で、当該取引関係情報の保存期間に合わせて保存することをもって当該取引情報の訂正及び削除を行う。
一　申請日
二　取引伝票番号
三　取引件名
四　取引先名
五　訂正・削除日付
六　訂正・削除内容
七　訂正・削除理由
八　処理担当者名

この規程は、令和○年○月○日から施行する。

（出典：国税庁「電子帳簿保存法一問一答【電子取引関係】」）

第3章

なにがどれだけ経費に なるの？

　売上はなんとか確定できたので、次は経費の集計です。個人事業主は仕事をするためにも、仕事以外の衣食住や娯楽にも支出をしていますが、その境目は会社勤めの頃よりもグッと曖昧になります。その境目には、2人とも興味津々です。

領収書？　レシート？

西村さんが持ってきた経費のレシート
- ・異業種交流会参加費 10/5　　5,000 円
- ・コーヒー代　　　　　10/2　　　240 円
- ・パソコン購入費　　　8/20 180,000 円
- ・名刺作製代　　　　　8/27　10,000 円

クレジット利用明細は領収書代わりになる？

西村さん、交流会では空振りっておっしゃいましたけど、お仕事もらえてますよね。なにかツテでも？

 イラストレーターの仕事をしていた友人が出産して、お仕事できなくなってしまったからって紹介してくれたんです。

なるほど。そのご友人にお礼とかしてませんか？

 お礼に私のおごりでランチに。

そのレシートってあります？

 もう捨てちゃいました。クレジットの利用明細ならネットで取れるけれど。

クレジットの利用明細だと領収書の代わりにはならないんですよ。

金額も日付もわかるのに？

ランチ代　9/2　3,000 円

クレジットの利用明細は、利用した年月日や店名、金額はわかりますが、何を購入したのかわからないので。クレジットカードを使うとレシートの他に「お客様控え」とか「クレジット売上票」をもらいますが、これも内容がわからないですよね。

確かに。

でも、このお店はチェーン店で誰がどう見ても飲食でしかなくない？

そうなんですよね。所得税法上でも絶対に領収書等の保存がないと経費にできないという決まりはないですし……計上して、税務調査で指摘されたら理由を説明すれば。

ただし、もし西村さんが消費税課税事業者で、税込 3 万円以上の取引の場合、クレジットの利用明細だけの保存だと調査官に突っ込まれると思っておいてくださいね。

？

消費税の計算で3万円未満の支払なら請求書の保存はいらないんですけど、3万円以上だと税率ごとに区分して合計した対価の額や取引内容が書かれた請求書の保存が必要なんです。インボイス制度（第7章参照）が始まると3万円未満でも必要になります。

 クレジット利用明細やクレジット売上票だと飲食したのかお土産を買ったのかまではわからないもんなあ。

領収書ってもらうべき？

 そうだ、ついでに聞いておこう。領収書ってもらった方がいい？

いえ、最近の調査官は領収書を嫌がりますよ。レシートでいいです。

 そうなんだ！

領収書だと「お品代として」になってしまって何を購入したかわかりませんが、コンビニのレシートなら家で使う歯磨き粉を買ったのか、仕事で使用する文房具を買ったのかちゃんとわかりますから。

 確かに。

ドラッグストアやコンビニのような日用品を扱う店の領収書は、購入物品が特定できないように領収書をわざわざもらっているのではないかと変に疑われる可能性もありますから、もらわない方がいいですよ。二重計上の原因にもなりますし。

前の会社だと、「領収書もらって！」ってしつこく経理の人が言ってたけど？

おそらくそれは消費税法上の話だと思うんですけど、レシートの場合、記載内容が足りないことが多いんですよ。

請求書等への記載事項

① 書類作成者の氏名又は名称
② 取引年月日
③ 取引内容（軽減税率の対象品目である旨）
④ 税率ごとに区分して合計した税込対価の額
⑤ 書類の交付を受ける事業者の氏名又は名称

この5つの記載があれば、レシート、領収書どちらでも構わないのですが、レシートは⑤が抜けているのが普通ですよね。

じゃあレシートじゃダメでしょ。

ところがですね、小売店や飲食店、タクシーなんかは⑤の記載は省略できるので、レシートでいいんですよ。

そうなんだ。レジで「領収書ください」って後ろに人が並んでるときなんか気が引けるし、レシートでいいならレシートがいいな。

調査官はレシートが好きですよ。

レシートや領収書のないものは支払伝票で

このコーヒー代は何に使ったんですか？

担当者さんとカフェで打合せを。

それなら経費ですね。「○○社の△△さんと打合せ」のようにレシートに書いておくといいですよ。

今書いちゃお。

このカフェって、西村さんの最寄駅ですか？

いえ、新宿で。

そこまでの交通費も経費ですよ。

領収書がないからどうしたらいいかわからなくて。

そういうときは出金伝票を使ってください。100均で売ってますから。

出金伝票

No.＿＿＿＿

令和3年　10 月　2 日

コード		支払先	京王電鉄㈱						様
勘定科目	摘要			金額					
旅費交通費	新宿駅…笹塚駅往復						2	5	2
	○○パンフ用ゆるキャラ 打合せ								
合　計						¥	2	5	2

これって、IC カードにチャージしたときの領収書じゃダメ？

履歴を取っていただけるならそれでもいいですよ。Suica や PASMO はお茶とかお菓子も買えちゃいますからチャージしたときの領収書だけじゃダメ。

やっぱダメか。

冠婚葬祭系は？　香典の領収書くれなんていったら塩撒かれそうじゃない？

それは領収書いらないですよ。取引先の冠婚葬祭で香典を置いてきたなら、出金伝票に払った金額を書いて、葬儀でいただいたあいさつ文を添えて保存しておいてください。

② 飲食代はどこまで経費になる？

自分の飲み代だけ払って経費になるの？

 異業種交流会、これに参加しても何にも仕事にはつながらなくて、楽しく飲んで帰ってきちゃったんだけど、それでも経費になるのかな？

大丈夫ですよ。1回参加して仕事につながるほうがめずらしいですよ。

 科目は諸会費？

いえ、これは交際費ですね。「会」ってありますけど、実質は懇親会ですから。諸会費は業界団体の会費とかですね。

 交際費って「おもてなし」でしょ？ これ、自分の分しか支払ってないけど、それでも交際費になるのかしら？

交流会は「お互いにもてなし合っている」と考えますから、自分の分だけ払っていても交際費になるんですよ。

すごい理屈だなあ（笑）。

これ、僕が考え出した理屈じゃないんです。国税庁のホームページで使われている表現なんですよ。

そうなんだ

友達との飲食代も経費になる

単に旧友を温めるだけの飲食はダメですけど、さっきのお友達のようにお仕事を紹介してもらったり、アドバイスを受けたりしているのであれば交際費ですよ。

アドバイスもらってる！　ちょっと担当さんに癖があって、どうやって接したらいいのかいろいろ教えてもらったり。

レシートに情報提供者であるご友人の名前と、何を話したかメモしておいてください。

何を話したかまでメモするの？

ええ。仕事を紹介してもらったり、アドバイスもらったりしたから経費なんだということを記録に残したいので。友達ならなおさらですよ。単に旧友関係を温めただけって思われたら経費にならないですもん。

 そっか……あと、これって、友人なのに、全額経費OK？

ええ。飲食費は按分するような性質のものじゃないですね。按分したら、むしろ経費性を自分で否認したことになってしまいますから。売上に貢献している付き合いなら経費。

キャバクラだって経費になる

お仕事ご紹介してくださったお友達、お仕事やめてしまうなんてもったいないですね。

 保育園がいっぱいで入れなくて。ベビーシッター頼みたくてもなにせ高いから。

ベビーシッター代や保育園代は経費にならないですしねえ。

 ええ？　仕事するために絶対必要なのに。子ども見ながら仕事なんてあり得ないから！

確かにそうなんですけど、ベビーシッター代は売上を上げるために直接かかる仕入とかじゃないし、それを払うことで売上に貢献もしないので、経費にならないんですよ😅

 じゃあ、なんでキャバクラで鼻の下伸ばしながら酒飲んでるのが経費になるわけ？　ゴルフ代も、遊んでるだけなのに経費になるほうがよっぽどおかしい！

取引先とキャバクラやゴルフに行くのは仕事につながるからです😅　それで相手の歓心を買って売上につなげる。交際費ってそういうものです。子どもを預けても、売上にはつながらないんですよ。

 だから仕事に関連する人と行くキャバクラは経費でいいんだ。

西村さんのお気持ちもわかります。僕も、経費でキャバクラに行くって道徳的というか倫理的にはどうなのかと思いますが、経費かどうかという観点からすると、キャバクラやゴルフは経費で、ベビーシッター代は経費にならないんです。

 そう言われればそうかもしれないけど……くやしーい！

ベビーシッター代や保育園代を経費として認めたら、個人事業主が仕事をするために自由な時間を確保するための親の介護費用や子どもの習い事、はては衣食住にかかる費用なども経費だとか、もう止まらなくなるでしょうね。

なんでも経費になりそう。

 ベビーシッター代は確かに税制上何らかの対処をすべきとの意見はありますが、「所得控除」に入れたらどうかという意見であって、経費としての議論はされていないんですよ。

 所得控除……所得税の優しさの部分か。

 現状、その優しさの部分にもなってないですが。なので、税金の世界は、ベビーシッター代や保育園代を事業の経費とは考えていないですね。

 なるほどねえ。

 でも、ここからいえることもあって、飲食費のように家事費とも経費ともとれるものを経費だと主張できるようにメモを残しておくのは、納税者として自分を守るために大切だと思うんです。ベビーシッター代と違って、飲食費はひと手間かけることで経費にできるんですから。

 だから、友人との飲食代のレシートに何を話したかを書くのか。

 キャバクラだって、誰と行ったかが重要になりますよね。

 税金って男尊女卑なのかな……。

スタッフとの飲食は経費になる？

 仕事上がりにスタッフと飲みに行くのは経費になるかな？

 お店のスタッフ全員と忘年会とかで飲みに行くなら経費ですよ。福利厚生費。たまたま風邪ひいたスタッフが参加できなくても、ちゃんと声をかけていて、参加可能だけどスタッフ側の都合で不参加なら経費で大丈夫です。

 ひとりだけ誘って行く、というのは？

 ひとりのスタッフだけと飲食に行くのであれば、そのスタッフが最近仕事に行き詰まってるとかで、相談に乗るとか理由があるなら経費です。単に、そのスタッフがお気に入りだからというだけではダメ。

自分だけのカフェ代は経費になる？

 最近、カフェでパソコン開いてる人をよく見かけるけど、カフェ代って経費になるのかな？

 仕事のために行ったのならなりますよ。1件目のアポと2件目のアポの間に少し時間があって、事務所に帰る時間も交通費ももったいない、ということもあるでしょうし。

じゃあ、僕が休憩時間にカフェでコーヒーを飲むのもOK？

小林さんはお店のバックヤードでも飲めるからなあ。でも、スタッフに見られたくない人事系の書類を扱いたいとか、お店の中でできない作業をしたいという理由があるなら場所代として計上できますよ。

なるほど。

気を付けて欲しいのが自宅家賃を一部経費に入れている人が、家だとやる気が出ないからカフェに行く、という場合。これだと、自宅で仕事してないでしょ、って自宅家賃の経費性が否定されちゃいます。

自宅家賃って、経費にできるの？

③ 生活費が経費になる!?

家族が他人に払ったものを経費にできる

できますよ。全額は無理ですけど、自宅の床面積が50㎡だったとして、仕事部屋が6畳の部屋なら10㎡くらいだから、自宅家賃の1/5を経費に入れてOKですよ。

うち、戸建てで……しかも親名義で。

家族に支払った分は経費にできませんが、家族が他人に支払った分は経費にできます。西村さんの場合は、親御さんが市区町村に支払っている固定資産税かな。

自分が払ってないのに経費にできるんだ！

生計が一の家族に支払ったものは経費にできないですけど、生計が一の家族が他人に払ったものは自分が払ったと考えて OK です。

セイケイガイツ？

生活する上でお財布が一緒、って考えてください。

家族が払ったものが経費になるなら、うちの場合、妻が大家さんに払った家賃の一部を僕の経費にできるってこと？

そうですけど、ご自宅をちゃんと仕事に使っているなら、ですよ。

ですよね。使ってないもんなー。

建物の場合は減価償却費を計算しなきゃいけないのでちょっと面倒ですが、家族が他人に払ったものを経費にできるってオイシイので、頑張って計算してみる価値はあるんじゃないかな？　購入価額と取得年月がわかれば計算できますよ。国税庁のホームページに計算例が出ているので参考にしてみてください。

国税庁ホームページ　タックスアンサー
No.2109　新築家屋等を非業務用から業務用に転用した場合の減価償却
https://www.nta.go.jp/taxes/shiraberu/taxanswer/shotoku/2109_qa.htm

固定資産税を経費にしよう

今、母に聞いてみたら、固定資産税は役所からの通知書を取ってあるって。あ、画像きた！　でも、自宅を買ったときの資料はどこにあるかわからないって。

そしたら、固定資産税だけでも按分して計上しましょう。ご自宅の広さは固定資産税の通知書に書いてあるので、それを分母に、西村さんの仕事場としている部屋の㎡を分子にします。

部屋は6畳なので10㎡、自宅の面積は130㎡。

固定資産税は、「納税通知書の受取時」、「各納期開始の日」、「実際に納めた日」の好きな日を選べますが、その時点で事業を開始しているかがポイント。

西村家の固定資産税

　　東京都23区内では、毎年6月1日（土日の場合は翌開庁日）に納税通知書を送付
第1期　令和3年6月1日から6月30日まで（納期限　6月30日）
　　22,000円
第2期　令和3年9月1日から9月30日まで（納期限　9月30日）
　　22,000円
第3期　令和3年12月1日から12月27日まで（納期限　12月27日）22,000円
第4期　令和4年2月1日から2月28日まで（納期限　2月28日）
　　22,000円

西村さんが事業を始めたのは9月だから第2期と第3期の合計44,000円を面積按分した額を経費にできますね。

44,000円×10㎡／130㎡＝3,384円ですかね。

電気代を経費にしよう

固定資産税と同じで、親御さんが払っている電気代も経費に入れられますよ。全部はダメなので按分しなきゃですけど。

わ、嬉しい。

仕事場と生活する家が一緒だとこういう家事費と経費の按分問題があるんだ。

店舗ビジネスだとハッキリ区分できるので問題ないんですけど、西村さんのようなフリーランスで自宅が作業場の場合は、電気代を家事分と経費に分ける必要があります。家のコンセントの数で按分とかするんですよ。

そんなアバウトでいいの？

いくら仕事で使ったか、正確な額はわからないじゃない
ですか。他人に説明して、そうだよね、って納得しても
らえる合理的な按分の仕方ならそれで大丈夫なんです
よ。他のやり方でもOKです。国税庁FAQのように面
積と仕事時間で按分とか。

国税庁FAQ？

新型コロナウイルス感染症によりリモートワークが増え
たことで、国税庁が「在宅勤務に係る費用負担等に関す
るFAQ」(以下、「国税庁FAQ」)を公表したんですけど、
電気代の按分例として以下のような算式を掲載している
んですよ。

【算式】

$$\begin{array}{c}\text{業務のため}\\\text{に使用した}\\\text{基本料金や}\\\text{電気使用料}\end{array} = \begin{array}{c}\text{従業員が負担}\\\text{した1か月の}\\\text{基本料金や電}\\\text{気使用料}\end{array} \times \dfrac{\begin{array}{c}\text{業務のために}\\\text{使用した部屋}\\\text{の床面積}\end{array}}{\text{自宅の床面積}} \times \dfrac{\begin{array}{c}\text{その従業員の}\\\text{1か月の在宅}\\\text{勤務日数}\end{array}}{\text{該当月の日数}} \times \dfrac{1}{2}^{※}$$

※　上記算式の「1／2」については、1日の内、睡眠時間を除いた時間
　　の全てにおいて均等に基本料金や電気使用料が生じていると仮定し、次
　　のとおり算出したものとなっています。

①　1日：24時間
②　平均睡眠時間：8時間
　　(「平成28年社会生活基本調査」(総務省統計局)で示されている7時
　　間40分を切上げ)
③　法定労働時間：8時間
④　1日の内、睡眠時間を除いた時間に占める労働時間の割合
　　　：③÷(①−②)＝8時間／(24時間−8時間)＝1／2

国税庁 FAQ は会社員のリモートワーク用ですが、家事費と経費の按分が問題になっているものなので、これを援用してもいいかと。従業員を個人事業主、在宅勤務日数を仕事をした日数と読み替えていただければ。

1／2の根拠を読むと、睡眠時間を除いて考えているんですね。

そうなんですよ。フリーランスの方だと、1日8時間以上仕事してる場合もあるでしょうから、③が大きくなって×1／2よりも大きくなりますかね。

スマホ代を経費にしよう

あとはスマホ代ですかね。音楽や動画などのサブスクリプションの利用料等といった、業務とは関連のないオプション代は除かなくちゃですけど、取引先との連絡とかでスマホを使うでしょうから基本使用料や通話料、インターネット接続料の一部は経費にできます。

いくらくらい？

仕事でたくさん使うなら、仕事用に格安スマホを契約するのもアリです。それなら 100%OK。自前のスマホを使うなら、さっき出てきた国税庁 FAQ の算式を参考にするとかかな。従業員を個人事業主、在宅勤務日数を仕事をした日数と読み替えてください。

【算式】

$$\substack{\text{業務のため}\\\text{に使用した}\\\text{基本使用料}\\\text{や通信料等}} = \substack{\text{従業員が負担}\\\text{した1か月の}\\\text{基本使用料や}\\\text{通信料等}} \times \dfrac{\text{その従業員の1か月の在宅勤務日数}}{\text{該当月の日数}} \times \dfrac{1}{2}$$

ここの1／2もさっきの電気代と根拠は同じです。フリーランスの方は土日も仕事の電話がきたり、1日8時間以上仕事をしている人もいるでしょうから、このあたりを自分の状況に当てはめて考えていただければ。

8時間／（24時間－8時間）の分子が大きくなることはあるにせよ、個人事業主が仕事とプライベート共用のスマホの場合、100％を経費に入れるのは難しいということか。

音楽は？

音楽は経費にできるかな？　仕事中の気分を上げるためにCDを聞いてて。

うーん、気分を上げるためにコーヒーを飲んでいるのと変わらないから厳しいですね。動画を作成して音を付けるとかで音源を買うならできますけど。

うちはUSEN契約してる。

店舗だとれっきとした経費ですね。

いいなー。

 西村さんの場合は、スタッフを雇うようになって作業場にBGMとして使うなら福利厚生費になります。

 スタッフがいないとダメ？

 個人事業主一人の場合、福利厚生費という考え方を税務署は認めてくれないんです。

 残念。

漫画や雑誌は？

 そうだ、西村さんの場合は、絵を描くときに参考にする漫画とか雑誌を購入しているのであれば、それは経費になりますよ。

 わ！　それは嬉しい！　漫画が経費になるなんて。

 仕事で使った分だけですよ。

 わかりました！　経費って結構ありますね。

僕は？

お店で待ち時間にお客さんが読む漫画や雑誌なら OK ですよ。

やった！　大人買いしちゃおう。

ちゃんとお店に置いてくださいよ😅

美容院代は？

経費になるかの基本的な考え方は、売上に貢献している支出なのかどうか。他によく聞かれるのが美容院代は経費になるのか、ですね。

お、気になりますね。

美容院は仕事をしていない人でも通常行くと思うので、基本的には厳しいですが、特別な撮影があるという場合などは経費に入れていいと思います。前横浜市長が広報番組の撮影でヘアメイク代を経費に入れて叩かれてましたけど、あれは仕事でしょう。

普段のカットはダメだけど、特別な仕事のためならOK、ということか。

定期的なものは家事費と見られるでしょうね。普段の身だしなみは仕事をしていなくたって整えるものですから。

マッサージ代は？

 マッサージ代は？　1日中パソコンとにらめっこしてると肩こりがひどくて。

肩が痛くて絵が描けないというのは、おなかがすいて仕事ができないと言っているのと同じです。

 ちぇ。

でも、「痛み」という部分に所得税は優しくて、「医療費控除」という所得控除があります。柔道整復師や鍼灸師といった国家資格を持っている方の施術なら医療費控除が受けられますよ。

 経費にはならないけれど、所得控除ならアリなんだ。

スーツ代は？

個人事業主の方からよく質問があるのがスーツ代ですが、冠婚葬祭用の礼服は厳しいでしょうね。仕事とプライベート、両方で着用しますが、この先どこの誰の冠婚葬祭に参加するかなんてわからないし合理的に分けるのは不可能。政治家でもない限りプライベート使用が多いのでは。

普通のスーツは？　出版社の担当さんにお会いするときのスーツ。普段、絵を描いているときはトレーナーにジーンズだけど。

ここからはまったくもって僕の見解ですから、これで税務調査で負けても文句言わないで欲しいんですけど、僕は経費でいいんじゃないかなと思ってるんですよ。

え、ほんとですか♪

たいてい税理士にスーツを経費に入れていいか聞くと、ダメ、と言われるでしょう。
これは昭和49年の京都地裁判決が根拠になっています。服は個人の趣味嗜好が入りますし、耐用年数もバラバラで、誰でも必要。どーしても、とくるなら業務上必要な分を明らかにせよとされ、納税者は必要な分を明らかにできず敗訴しているんです。

判決ではスーツは経費じゃないと。

でも、いくら社長だからってジャージで会社行かないだろうし、取引先に対しての礼儀もあるだろうし、そもそもスーツ着て家でくつろがないと思うんですよ。スーツは仕事用。

 休みの日にスーツ着たい人、あんまりいないよなあ。

平成25年分以降からは、特定支出控除というサラリーマン向けの所得控除があって、これに衣服費が入っています。裁判は昭和49年なんて昔のもので、時代は変わってサラリーマンに認められるのに、個人事業主はダメなの？と思うわけですよ。

 確かに！

調査で100％通るかと言われたら保証はできないですけど、変に高かったり、趣味に走ったものでなく、プライベートで着用しないのであれば必要経費に算入して、戦ってもいいのではと思うんですよね。

 じゃあ、ワンピースは？

ワンピースはプライベートとの区別がつきにくいから厳しいと思います。撮影用のような本当に仕事のときにしか着ていなくて、撮影した記録が残っていて、事務所とか仕事場にそのワンピースは置きっぱなしにしているとかならいけるかな？と思いますが。

 ダメかあ。

キックバックしたギフト券は交際費

 ともかく仕事が理由で支払ったものなら経費なのよね、それなら担当さんへのキックバックは？

 キックバック？　会社にじゃなくて担当さんに？

 そう。2万円。

 いますよね、そういう方。

 もらってるのが会社にバレたらどうなんだろう。

 もし、西村さんへの正当な報酬が8万円だったのに、西村さんに10万円を会社に請求させて自分に2万円キックバックさせていたなら横領です。立派な犯罪ですね。昔、それやってた人が税務署に入られて、期限後申告をしたことがあったなあ。

 その人、捕まったんですか？

 いえ、その時の調査官は、おとなしく申告して納税してくれれば会社には黙っておくって言ってましたね。調査官的には犯罪よりも、自分の手柄の方が大事だったみたいで。

 ひえー🥀

ギフト券もらった人は申告が必要なの！？

ええ。見落としやすい部分ですね。独立祝いや開業祝いなんかをもらったら、それは事業に付随して生じた収入なので収入計上しないとダメですよ。

本当に？　現金もらったり、お花もらったり、お店に飾れるちょっといい掛け時計もらったりしたけど、それも収入？

開業祝いとしてもらった現金や商品券系は収入計上ですね。お花とか、掛け時計なんかも本当は収入です。

マジか

でも、お花とか掛け時計は、おそらく10万円未満ですよね。その場合、仕訳で表すと消耗品／雑収入となるので、損益両建てになるので利益には影響ないんですよ。

話を戻しましょう、西村さんはお仕事をもらうためにギフト券をあげた側ですから、経費ですよ。交際費ですね。

でも、領収書がないんです。Amazonギフト券を贈ったので。

Amazonの注文履歴のところで領収書が取得できますよ。商品券とか、カフェのプリペイドカードなんかもお礼として渡したものは交際費です。

Amazon ギフト券　11/28　20,000 円

電子取引は電子データで保存

 じゃあ、Amazon の領収書をプリントアウトして……。

令和 3 年分はプリントアウトで OK ですが、令和 4 年 1 月から、電子取引を行った場合、その電子取引で取引した請求書や領収書などの取引情報について、電子データでの保存が義務付けられるんです。

 うわ、Amazon って電子取引だ。

 確かに前、そんな話を聞いたような（第 2 章参照）。Amazon に紙の領収書郵送して、なんて頼めないだろうし。

検索機能要件は電子データの名前のところに付番してエクセル管理するか、名前のところに日付、取引先、取引金額をダイレクト入力するとして、電子データで保存するときの取るべき措置が問題ですね。タイムスタンプはお金がかかるし、事務処理規程の備付けになるのかな（第 2 章参照）。

 僕も、シャンプーとか仕入れてるところはネットで注文だ。これ、日本全国の事業者が対応しなきゃいけないことなんですよね？

今時、電子取引がない事業者さんも少ないでしょうから
ねえ。

④ 10万円以上のものを買ったとき

減価償却費って何？

あとはパソコンか……西村さんはフリーランスになって
から、税務署に届出とか出してないんですよね。

 出さないと罰金とかあるの？

罰金はないですけど、ちょっと不利になったりします。
10万円以上の備品や機械、ソフトウエアなどを購入し
た場合、買ったその年に全額経費にできないんです。

 経費にならないの？　パソコン、高かったのに……。

パソコンは18万円でしたね。18万円全額は経費にな
りませんが、一部ならなりますよ。

 よかった！

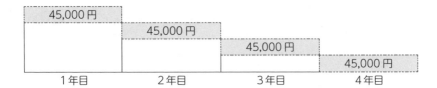

45,000 円			
	45,000 円		
		45,000 円	
			45,000 円
1年目	2年目	3年目	4年目

法定耐用年数といって、これは何年使えるでしょって国が決めた年数があるんですが、パソコンは4年。180,000円÷4年＝45,000円。1年間に45,000円ずつ経費に入れられます。これが減価償却費。

そうすると、令和3年は45,000円？

購入日が8月ですよね。使い始めたのは？

8月は勤めていたし、9月はバタバタしていて、10月から使ってます。

使い始めた日から経費になるので、45,000円を12か月で割って、3か月分を経費にします。

45,000 円× 3/12 か月＝ 11,250 円

令和3年は11,250円経費になりますね。

20万円未満なら一括償却資産とすることもできる

10万円以上20万円未満の場合、一括償却資産として
3年で償却することも可能ですよ。パソコンは耐用年数
4年ですけど、一括償却資産は3年で償却していいので、
ちょっと経費算入額が増えますよ。

え、ほんとですか♪

60,000 円		
	60,000 円	
		60,000 円
1年目	2年目	3年目

令和3年は6万円を経費にできます。

でもこれを月数按分ですよね？

個人事業主の場合は期中開業であっても一括償却資産は
3で割るだけなんですよ。普通の減価償却は月数按分だ
けど。

や、ややこしい🌀

やった、6万円経費にできるんだ♪

10万円以上の減価償却資産は開業費にならない

あれ？　西村さんは会社を辞めて個人事業主になったのは9月だから、8月に買ったものって開業費になりませんか？

小林さん、勉強してますね。でも10万円以上の固定資産は開業費としては計上できなくて、「備品」や「機械」とかのように資産計上して、減価償却することになります。

30万円未満で青色申告の場合、使い始めた年の経費にできる

パソコンですが、「青色申告承認申請書」を出していれば、全額を令和3年の経費にできたんですよ。

えー！　ショック！　その青色とかいうのは何？

確定申告をするにあたって、ちゃんと記帳します！って税務署に対して宣言するのが青色申告承認申請書。これを出すと、いろんな特典が受けられるんです。

その特典のひとつが、こういう30万円未満のものを購入して使い始めたなら全額その年の経費にしていいよと。

ズルい！　知らなかった。

僕は梅沢さんが教えてくれたから出したけど……なんで届出を出すと特典がつくんだろう？

ちゃんと記帳をして、正しい所得を計算して、正しく納税してもらうためですよ。さっきの売上みたいに、記録をしてないと正しい額ってわからないでしょう？

 う……。

記帳は大変です。それを事業者にやってもらうために、国はいくつかのアメを用意しているわけです。

 いくつかの、ということは、他にもアメがある？

そうなんです。おいおい説明しますよ。

開業前に支出したものは「開業費」

あとは、この名刺代ですね。購入したのは8月ですか。そうすると「開業費」ですね。

 さっきも出てきましたけど、開業費って？

10万円以上の減価償却資産や商品の仕入代金は含まないんですけど、それ以外の**開業のために特別に支出した**ものですね。名刺って、フリーランスになるからこそ作ったわけだから、開業するための特別な支出ですよね。

で、経費になる？

もちろんなりますよ。この開業費のいいところは、経費にする時期を選べるんです。
もし、来年大きな仕事が入る予定があって、今年よりも所得が大きくなるとわかっているなら、今期の経費にしないで将来に持ち越すことができるところ。

将来に持ち越す？

所得税は累進課税。所得額が大きければ大きいほど税負担が大きくなるんですよ。

所得税は累進課税

【所得税の速算表】

課税される所得金額	税率	控除額
1,000 円から 1,949,000 円まで	5%	0 円
1,950,000 円から 3,299,000 円まで	10%	97,500 円
3,300,000 円から 6,949,000 円まで	20%	427,500 円
6,950,000 円から 8,999,000 円まで	23%	636,000 円
9,000,000 円から 17,999,000 円まで	33%	1,536,000 円
18,000,000 円から 39,999,000 円まで	40%	2,796,000 円
40,000,000 円以上	45%	4,796,000 円

所得が 4,000 万円の場合、税額は 1,320 万 4,000 円。ここで 1 万円経費が増えると所得は 3,999 万円で税額は 1,320 万円。税額は 4,000 円変わります。

所得が 194 万 9,000 円の場合、税額は 97,450 円。ここで 1 万円経費が増えると所得は 193 万 9,000 円で税額は 96,950 円。税額は 500 円しか変わらないんです。

経費が 1 万円増えたのは同じなのに、税額の減り方が全然違う！

まあ、これは極端過ぎますけど、儲かってるときに開業費を経費にした方がお得なんです。

じゃあ、令和 3 年の経費にするのはやめておこう。

科目は正直なところなんでもいい

僕も最近になって名刺を作ったんですよ。これって科目は何になるんですか？

名刺は「広告宣伝費」とか「消耗品」あたりですかね。

広告宣伝費かあ。思いつかなかった。

だって、お店の宣伝のために作ったんですもん。でも、正直なところ、科目ってなんでもいいんですよ。

そうなんですか？

なんでも雑費にしちゃうとかじゃ困りますけど。名刺を今年「広告宣伝費」にしたなら来年も同じように「広告宣伝費」にしていただけたら。科目名より継続性を持たせる方が大事ですね。

科目って結構悩むんですよ。なんでもいいなんて知らなかった。

「事業収入－必要経費＝事業所得」ですから、科目がどうであれ収入から引けるものでしかないというか。ただ、せっかく帳簿をつけるなら財務分析に使えるように科目をそろえておいて、去年との比較をしたいですよね。

そりゃそうだ。

それと、税務署は同業他社比較をしてくるので、他の会社ではさほど金額がない科目が突出してたりすると目立ってしまうので、なるべく常識的な感じでやっていただければ。

第4章

青色申告って
何だろう？

　収入と経費の集計が終わり、いよいよ確定申告書類の記入と
なりましたが、西村さんは白色申告。青色申告と白色申告の違
いもイマイチわかっていませんが、おトクな制度には興味があ
るようです。小林さんはすでに青色申告なので、休憩にひとり
カフェへ行ってしまい、西村さんは梅沢さんからマンツーマン
指導を受けることになりました。

1 確定申告書・収支内訳書・青色申告決算書

確定申告書は第1表から書けない

西村さんの売上と経費をまとめるとこんな感じですね。
ここまでできれば半分以上できましたよ。

嬉しい、よかった！

売上帳

年	月	日	取引先	摘要	金額	源泉	入金額	入金日	未収
令和3年	10	31	B社		220,000	22,462	197,538	11/30	
令和3年	11	30	A社		110,000	10,210	99,790	12/20	
令和3年	12	5	C社		77,000	7,147	69,853	12/25	
令和3年	12	25	A社		55,000	5,105			49,895
			合計	462,000	44,924	367,181		49,895

経費帳

日付		摘要	支払金額	経費の内訳									
				仕入れ	減価償却費	租税公課	水道光熱費	旅費交通費	通信費	広告宣伝費	接待交際費	会議費	資産計上・事業主
8	20	パソコン	180,000		60,000								120,000
8	27	名刺（開業費）	10,000							0			10,000
9	2	イタリアン○○	3,000								3,000		0
10	1	○○電力9月分	10,000				256						9,744
10	1	スマホ代9月分	8,000						2,666				5,334
10	2	○○カフェ	240									240	0
10	2	電車代	252					252					0
10	5	異業種交流会	5,000								5,000		0
10	5	電車代	252					252					0
11	1	○○電力10月分	10,000				256						9,744
11	1	スマホ代10月分	8,000						2,666				5,334
11	28	Amazonギフト券	20,000								20,000		0
12	1	○○電力11月分	10,000				256						9,744
12	1	スマホ代11月分	8,000						2,666				5,334
12	31	○○電力12月分	10,000				256						9,744 経費計上額
12	31	スマホ代12月分	8,000						2,666				5,334 103,816
12	31	固定資産税	44,000			3,384							40,616 経費の内訳合計
		縦合計	334,744	0	60,000	3,384	1,024	504	10,664	0	28,000	240	230,928 334,744

確定申告書って見たことありますか？

ないです。

ですよね😊　上の方に申告書Ｂってありますでしょ？Ａもありますが、事業所得のある人はＢを使います。令和5年1月から申告書Ａは廃止されてＢのみになるようですね。

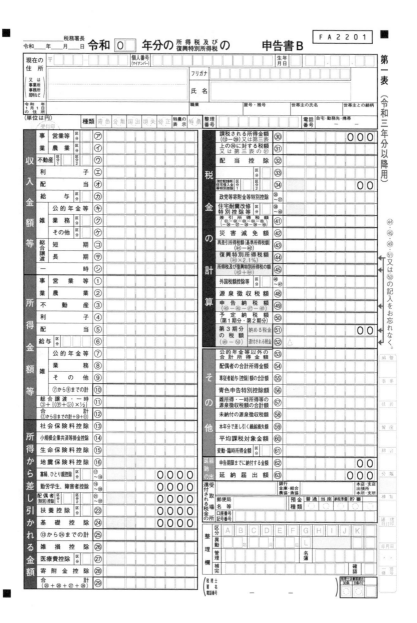

令和 〇 年分の 所得税及び 復興特別所得税 の確定申告書B

整理番号 □□□□□□□□　FA2301

第二表　〈令和三年分以降用〉

住所・氏名欄

住　所	
屋　号	
フリガナ	
氏　名	

○ 所得の内訳（所得税及び復興特別所得税の源泉徴収税額）

所得の種類	種目	給与などの支払者の「名称」及び「法人番号又は所在地」等	収入金額	源泉徴収税額
			円	円
		㊽ 源泉徴収税額の合計額		

○ 総合課税の譲渡所得、一時所得に関する事項 （⑪）

所得の種類	収入金額	必要経費等	差引金額
譲渡（短期）	円	円	円
譲渡（長期）			
一　時			

○ 特例適用条文等

○ 配偶者や親族に関する事項 （⑳～㉓）

氏　名	個人番号	続柄	生年月日	障害者	国外居住	住民税	その他
		配偶者	明・大 昭・平 ・ ・	障害 特障	国外 年調	同一 別居	調整
			明・大 昭・平・令 ・ ・	障害 特障	国外 年調	(16) 別居	調整
			明・大 昭・平・令 ・ ・	障害 特障	国外 年調	(16) 別居	調整
			明・大 昭・平・令 ・ ・	障害 特障	国外 年調	(16) 別居	調整
			明・大 昭・平・令 ・ ・	障害 特障	国外 年調	(16) 別居	調整
			明・大 昭・平・令 ・ ・	障害 特障	国外 年調	(16) 別居	調整

○ 事業専従者に関する事項 （㊾）

事業専従者の氏名	個人番号	続柄	生年月日	従事月数・程度・仕事の内容	専従者給与(控除)額
			明・大 昭・平 ・ ・		
			明・大 昭・平 ・ ・		

○ 社会保険料控除等に関する事項 （⑬～⑯）

	保険料等の種類	支払保険料等の計	うち年末調整等以外
⑬ 社会保険料控除		円	円
⑭ 小規模企業共済等掛金控除			
⑮ 生命保険料控除	新生命保険料		円
	旧生命保険料		
	新個人年金保険料		
	旧個人年金保険料		
	介護医療保険料		
⑯ 地震保険料控除	地震保険料		円
	旧長期損害保険料		

○ 本人に関する事項 （⑰～⑳）

寡婦	寡夫		ひとり親	勤労学生		死亡退職	特別障害者
□死別 □離婚	□生死不明 □未帰還			□年調以外かつ 専修学校等			

○ 雑損控除に関する事項 （㉖）

損害の原因	損害年月日	損害を受けた資産の種類など

損害金額	保険金などで補塡される金額	差引損失額のうち災害関連支出の金額
円	円	円

○ 寄附金控除に関する事項 （㉘）

寄附先の名称等		寄附金	

○ 住民税・事業税に関する事項

住民税	非上場株式の少額配当等	非居住者の特例	配当割額控除額	株式等譲渡所得割額控除額	特定配当等・特定株式等譲渡所得の全部の申告不要	給与・公的年金等以外の所得に係る住民税の徴収方法	都道府県、市区町村への寄附（特例控除対象）	共同募金、日赤その他の寄附	都道府県条例指定寄附	市区町村条例指定寄附
						特別徴収 / 自分で納付				

事業税	非課税所得など	番号	所得金額	損益通算の特例適用前の不動産所得		前年中の開(廃)業	開始・廃止 月日
	不動産所得から差し引いた青色申告特別控除額			事業用資産の譲渡損失など		他都道府県の事務所等	

上記の配偶者・親族・事業専従者のうち別居の者の氏名・住所	氏名		住所		所得税で控除対象配偶者などとした専従者	氏名		給与		一連番号	

でもね、これはまだ記入できません。まず、西村さんは白色申告なので売上帳と経費帳をもとに「収支内訳書」を作成しますよ。

白色申告？

西村さんは税務署に何も提出していないので、「白色申告」なんです。

【白色申告の場合】

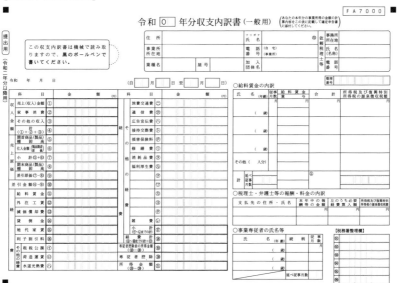

【青色申告の場合】

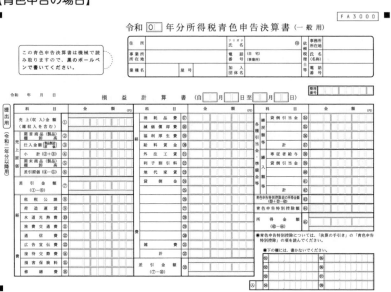

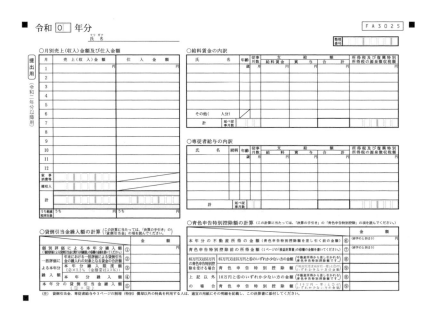

整理番号 ☐☐☐☐☐☐☐☐　FA3050

○減価償却費の計算

減価償却資産の名称等（繰延資産を含む）	面積又は数量	取得年月	取得価額（償却保証額）	償却の基礎になる金額	償却方法	耐用年数	償却率又は改定償却率	本年中の償却期間	本年分の普通償却費（⑨×⑦×⑧）	割増（特別）償却費	本年分の償却費合計（⑨＋⑩）	事業専用割合	本年分の必要経費算入額（⑪×⑫）	未償却残高（期末残高）	摘要
		・	（　）	円		年		月／12	円	円	円	％	円	円	
		・	（　）					月／12							
		・	（　）					月／12							
		・	（　）					月／12							
		・	（　）					月／12							
		・	（　）					月／12							
		・	（　）					月／12							
		・	（　）					月／12							
計															

(注) 平成19年4月1日以後に取得した減価償却資産について定率法を採用する場合にのみ⑥欄のカッコ内に償却保証額を記入します。

○利子割引料の内訳（金融機関を除く）

支払先の住所・氏名	期末現在の借入金等の金額	本年中の利子割引料	左のうち必要経費算入額
	円	円	円

○税理士・弁護士等の報酬・料金の内訳

支払先の住所・氏名	本年中の報酬等の金額	左のうち必要経費算入額	所得税及び復興特別所得税の源泉徴収税額
	円	円	円

○地代家賃の内訳

支払先の住所・氏名	賃借物件	本年中の賃借料・権利金等	左の賃借料のうち必要経費算入額
		更新	円	円
		賃		
		更新		
		賃		

○本年中における特殊事情

整理番号 ☐☐☐☐☐☐☐☐　FA3075

貸借対照表（資産負債調）

（令和　年　月　日現在）

資産の部			負債・資本の部			製造原価の計算		
科目	月 日（期首）	月 日（期末）	科目	月 日（期首）	月 日（期末）		科目	金額
現　金	円	円	支払手形	円	円	材料費	期首原材料棚卸高 ①	円
当座預金			買掛金				原材料仕入高 ②	
定期預金			借入金				小計（①＋②）③	
その他の預金			未払金				期末原材料棚卸高 ④	
受取手形			前受金				差引原材料費（③－④）⑤	
売掛金			預り金			労務費	労務費 ⑥	
有価証券						その他の製造経費	外注工賃 ⑦	
棚卸資産							電力費 ⑧	
前払金							水道光熱費 ⑨	
貸付金							修繕費 ⑩	
建物							減価償却費 ⑪	
建物附属設備							⑫	
機械装置							⑬	
車両運搬具			貸倒引当金				⑭	
工具器具備品							⑮	
土地							⑯	
							⑰	
							⑱	
							⑲	
							雑費 ⑳	
							計 ㉑	
							総製造費（⑤＋⑥＋㉑）㉒	
							期首半製品・仕掛品棚卸高 ㉓	
			事業主借				小計（㉒＋㉓）㉔	
			元入金				期末半製品・仕掛品棚卸高 ㉕	
事業主貸			青色申告特別控除前の所得金額				製品製造原価（㉔－㉕）㉖	
合計			合計					

(注)「元入金」は、「期首の資産の総額」から「期首の負債の総額」を差し引いて計算します。

(注) 製造原価の計算を行っていない人は、記入する必要はありません。

(注) 製品の金額は1ページの「損益計算書」の③欄に移記してください。

青色申告だと「青色申告決算書」4 枚もある。私は白色申告だから「収支内訳書」。楽でよかったかも♪

青色申告は手間がかかります。だから、その見返りにアメがいくつか用意されているんですよ。

 アメって……青色申告って何？

❷ 青色申告って何？

青色申告をするといいことがある

正しい所得を計算して正しく納税するには帳簿づけが大切ですが、帳簿をつけるのは手間がかかるのでみんなやりたがらない。

そこで国は、ちゃんと帳簿つけます！と宣言して、帳簿をつけてくれるならアメをあげるよ、としたんです。宣言して帳簿をつける方法を青色申告といって、青色ではない申告を俗に白色申告と呼んでいます。

青色申告の主な特典（アメ）

・青色申告特別控除 65 万円 or55 万円 or10 万円
・30 万円未満の減価償却資産を取得年に費用化できる
・赤字を翌年以降 3 年間繰り越すことができる
・家族に給料を支払うことができる
・貸倒引当金を計上することができる

「所得税の青色申告承認申請書」、これが宣言です。これを税務署に出した人は「青色申告」、出していない人は「白色申告」。

じゃあ、私もそれを出せばアメがもらえる？

年の途中で開業した場合、開業した日から 2 か月以内に出す必要があったので、今回作成している令和 3 年分の申告は青色で申告できないんですよ。

令和 3 年分の申告を青色にするには、令和 3 年 9 月にフリーランスになったから 10 月中に出さなきゃいけなかったんだ。令和 4 年分は？

令和 4 年分の申告には、令和 4 年 3 月 15 日までに申請書を出せば間に合います。

すぐに出そう！

青色申告承認申請書の提出期限

・青色申告書による申告をしようとする年の 3 月 15 日まで
・その年の 1 月 16 日以後、新たに事業を開始した場合には、その事業開始等の日から 2 か月以内

所得税の青色申告承認申請書

_____税務署長

_____年_____月_____日提出

納　税　地	○住所地・○居所地・○事業所等（該当するものを選択してください。） （〒　－　　） (TEL　－　－　)
上記以外の 住 所 地・ 事 業 所 等	納税地以外に住所地・事業所等がある場合は記載します。 （〒　－　　） (TEL　－　－　)

フ リ ガ ナ 氏　　　名		生年月日	○大正 ○昭和 ○平成 ○令和	年　月　日生
職　　　業		フリガナ 屋　号		

令和____年分以後の所得税の申告は、青色申告書によりたいので申請します。

1　事業所又は所得の基因となる資産の名称及びその所在地（事業所又は資産の異なるごとに記載します。）

名称_____　所在地_____

名称_____　所在地_____

2　所得の種類（該当する事項を選択してください。）

　○事業所得　・○不動産所得　・○山林所得

3　いままでに青色申告承認の取消しを受けたこと又は取りやめをしたことの有無

　(1)　○有（○取消し・○取りやめ）　____年___月___日　　(2)　○無

4　本年1月16日以後新たに業務を開始した場合、その開始した年月日　　____年___月___日

5　相続による事業承継の有無

　(1)　○有　相続開始年月日　____年___月___日　被相続人の氏名_____　(2)　○無

6　その他参考事項

　(1)　簿記方式（青色申告のための簿記の方法のうち、該当するものを選択してください。）

　　　○複式簿記・○簡易簿記・○その他（　　　　　　　　　　）

　(2)　備付帳簿名（青色申告のため備付ける帳簿名を選択してください。）

　　　○現金出納帳・○売掛帳・○買掛帳・○経費帳・○固定資産台帳・○預金出納帳・○手形記入帳
　　　○債権債務記入帳・○総勘定元帳・○仕訳帳・○入金伝票・○出金伝票・○振替伝票・○現金式簡易帳簿・○その他

　(3)　その他

関与税理士 (TEL　－　－　)		税務署整理欄	整 理 番 号		関係部門連絡	A	B	C		
			0							
			通 信 日 付 印 の 年 月 日		確　認					
			年　　月　　日							

ちょっと待ってください。西村さんがどこまで帳簿をつけられるかが問題になってくるんですよ。届出に〇をつけるところがあるので。

帳簿って、今作った売上帳と経費帳じゃないの？

これは単式簿記といわれるものです。帳簿のひとつではありますが、ただ発生したものを記録しただけのもの。青色の帳簿は、記録が本当に合っているか現金残や預金残などでチェックできるものでないと。

【例】3月5日の取引
売上　10,000円、消耗品購入　600円、切手代　84円（記帳漏れ）
現金実残　9,316円

〈白色申告の場合の帳簿〉

売上帳		
3月5日	〇〇出版	10,000

経費帳		
3月5日	文房具	600

〈青色申告の場合の簡易帳簿〉

現金出納帳						
		入金		出金		
日付	摘要	売上	その他	仕入	その他	現金残高
3月5日	現金売上	10,000				10,000
3月5日	文房具購入				600	9,400

↕84円ズレ
実際の
現金残高
9,316

93

白色申告の帳簿だと気づかないけれど、青色申告の場合の簡易帳簿なら、実際の現金残高と比べれば経費に漏れがあることに気づくんだ。

国としては簡易帳簿を作成して欲しいし、本当なら取引を借方と貸方に分けて記録する、複式簿記で記帳して欲しいんです。簿記ってご存じですか？

とったのは10年くらい前だけど簿記3級なら持ってますよ。仕訳を書いて精算表作ったりした記憶が。

すごいじゃないですか。仕訳がわかっているなら話が早い。

青色申告のアメ　青色申告特別控除

青色申告のアメのひとつに青色申告特別控除というものがあります。帳簿をつけるなら所得から一定額を引いていいよ、というものなんですが。

所得から引いていいの？

ええ。事業の売上から経費を引いて所得がでますよね。青色の要件を満たした帳簿をつけているならそこからさらに引いていいんです。

すごい！　経費が増えるんだ！

実際に払った経費ではなく「控除」ですが、所得が減るので実質的には同じです。帳簿のつけ方などによって、控除額が変わるんですよ。

① 複式簿記により記帳・貸借対照表と損益計算書を添付・期限内申告＋ e-Tax を利用して電子申告 or 電子帳簿保存　　　65 万円控除
② 複式簿記により記帳・貸借対照表と損益計算書を添付・期限内申告　　　　　　　　　　　　　　　　　　　　　　　　　55 万円控除
③ ①と②に当てはまらない簡易簿記の場合や期限後申告の場合　　　　　　　　　　　　　　　　　　　　　　　　　　　10 万円控除

現金出納帳などをつけるやり方だと「簡易簿記」となるので 10 万円控除ですが、複式簿記で記帳するなら最大65 万円控除が狙えるので、西村さんは複式簿記でいきましょう。

①②の貸借対照表と損益計算書、これは複式簿記なら作れる？

ええ。

①の65 万円控除を狙うにはe-Taxを使って申告するか、電子帳簿保存をするか。どっちがいいんだろう？

65 万円控除を受けるには「優良な電子帳簿」である必要がありますが、訂正・削除の跡が残る、検索機能があるとか、要件が厳しいんです。

え、そうなんだ。

「優良な電子帳簿」を作成できるシステムを使う必要があ
りますし、届出も必要です。なので、e-Tax で電子申
告の方が楽ですね。

e-Tax ?

e-Tax は、国が用意している申告納税オンラインシステ
ムです。これを使えば税務署に行くことなく自宅から確
定申告できます。今はスマホからだって確定申告でき
ちゃいますから便利ですよ。

【青色申告承認申請書の下の部分】

6 その他参考事項

(1) 簿記方式（青色申告のための簿記の方法のうち、該当するものを選択してください。）

○複式簿記・○簡易簿記・○その他（　　　　　　　　　　　）

(2) 備付帳簿名（青色申告のため備付ける帳簿名を選択してください。）

○現金出納帳・○売掛帳・○買掛帳・○経費帳・○固定資産台帳・○預金出納帳・○手形記入帳
○債権債務記入帳・○総勘定元帳・○仕訳帳・○入金伝票・○出金伝票・○振替伝票・○現金式簡易帳簿・○その他

じゃあ簿記方式は「複式簿記」かな？

65 万円控除を受けたいなら「複式簿記」です。複式簿
記で記帳するのは大変なので 10 万円控除でいいやとい
う場合は「簡易簿記」ですね。

備付帳簿名は？

65 万円控除を受ける場合、必ず印をつけて欲しいのは
「総勘定元帳」と「仕訳帳」です。そのほかは必要に応
じて、ですね。簡易帳簿の場合は「現金出納帳」「売掛帳」
「買掛帳」「経費帳」「固定資産台帳」が標準的、とされ
ています。

簡易帳簿の方が多い🌀

青色申告のアメ　30万円未満の減価償却資産を即時償却できる

青色申告の特典は他にもありますよ。西村さんのパソコンが受け損ねたヤツですね。

 パソコン、6万円しか経費にならない……。

原則は、10万円以上の備品や機械などは前に言った減価償却して、法定耐用年数で徐々に経費としなくてはいけないんですけど（第3章）、青色申告の方は、30万円未満なら全額消耗品でOKです。

 青色出して早くいっぱい稼いで今度はもっといいのを買おう！

青色申告のアメ　赤字を翌年以降3年間繰り越すことができる

事業をやっているといい時ばかりじゃなくて、赤字になってしまうことがあるかもしれません。そんな時は、青色申告であれば翌年以降3年の黒字と相殺できるんですよ。

	n+1期	n+2期	n+3期	n+4期
	赤字500	黒字200	黒字100	黒字400

```
                                                        ┌──────┐
                                                        │ 200  │
                                       ┌──────┐  ┌──────┤──────┤
                                       │ 200  │  │ 100  │ 200  │
───────────────────────────────────────────────────────────────
  ┌──────────────────┐
  │     △500         │
  └──────────────────┘
```

前年赤字500　　　　繰越赤字300　　　　繰越赤字200
今期黒字200　　　　今期黒字100　　　　今期黒字400
赤字300は翌年繰越　赤字200は翌年繰越
課税所得0　　　　　課税所得0　　　　　課税所得200

青色申告なら、n+2期とn+3期は繰り越された赤字のせいで課税所得は0、納税も0、n+4期は400所得が出ているけれど200赤字が繰り越されているので200だけに課税されることになります。

白色のときに赤字が出たらもったいないんだ。でも、どうして青色申告だと赤字を繰り越せるんだろう？

青色申告の場合はきちんと帳簿をつけて計算した、いわば「由緒正しい赤字」なんです。帳簿という根拠がちゃんとある赤字なら繰り越していいよ、としているんです。

青色申告のアメ　家族に給料を支払うことができる

前に「生計が一の家族に支払ったものは経費にできない」って言いましたが（第3章）、これは、家族に払ったものが経費になるなら、いっぱい家賃や給料を家族に払えば経費を増やせてしまうからです。

ということは、家族に給料を払っても経費にならない？

 原則はそうなんですけど、それだとあんまりなので、専従者がいる場合の手当はされています。

 センジュウシャ？

 事業にもっぱら従事する者です。他で働いてなくて、家族の事業を手伝っている人と考えてください。**白色申告の場合**、配偶者に仕事を手伝ってもらっているなら86万円、配偶者以外なら50万円まで所得から控除できます。

 控除できる、ってなんか気になる……経費じゃなくて？

 よく気が付きましたね。65万円控除もそうでしたけど、経費じゃないんです。白色申告の場合、家族への給料は「事業専従者控除」といって、実際に家族に払っていなくても引けるんですよ。なので「控除」。

白色申告の場合の事業専従者控除

事業専従者控除額は、次のイ又はロの金額のどちらか低い金額です。
イ　事業専従者が事業主の配偶者であれば86万円、配偶者でなければ専従者一人につき50万円
ロ　この控除をする前の事業所得等の金額を専従者の数に1を足した数で割った金額

白色事業専従者控除を受けるための要件は、次のとおりです。
(1)　白色申告者の営む事業に事業専従者がいること。
　　事業専従者とは、次の要件の全てに該当する人をいいます。
　①　白色申告者と生計を一にする配偶者その他の親族であること。
　②　その年の12月31日現在で年齢が15歳以上であること。

③　その年を通じて 6 か月を超える期間、その白色申告者の営む事業に専ら従事していること。
(2)　確定申告書にこの控除を受ける旨やその金額など必要な事項を記載すること。

白色だと、配偶者に実際に払っている額が 120 万円であっても控除対象は 86 万円ですが、**青色なら「青色事業専従者給与」となって、実際に払った額が経費になります**。もちろん適正額であることが求められますけど。

適正額って？

他人を雇ったら払う金額と思っていただければ。

なるほど。青色で適正額なら払った分、経費として認められる。

税務署に「青色事業専従者給与に関する届出書」を提出していて、支払額が届出の範囲内であることが条件ですよ。

| | | 1 | 1 | 2 | 0 |

青色事業専従者給与に関する ○届　　出　　書
○変更届出

税務署受付印

_____税務署長

_____年_____月_____日提出

納　税　地	○住所地・○居所地・○事業所等（該当するものを選択してください。） （〒　　－　　　） (TEL　　－　　　－　　　)
上記以外の 住所地・ 事業所等	納税地以外に住所地・事業所等がある場合は記載します。 （〒　　－　　　） (TEL　　－　　　－　　　)
フ リ ガ ナ 氏　　名	○大正 ○昭和 ○平成 ○令和　生年月日　年 月 日生
職　　業	フリガナ 屋　号

　　　　年　　月以後の青色事業専従者給与の支給に関しては次のとおり ○定　　め　　た ○変更することとした
ので届けます。

1　青色事業専従者給与（裏面の書き方をお読みください。）

	専従者の氏名	続柄	年齢 経験 年数	仕事の内容・ 従事の程度	資格等	給　　料		賞　　与		昇 給 の 基 準
						支給期	金額（月額）	支給期	支給の基準（金額）	
1			歳 年				円			
2										
3										

2　その他参考事項（他の職業の併有等）

3　変更理由（変更届出書を提出する場合、その理由を具体的に記載します。）

4　使用人の給与（この欄は、この届出（変更）書の提出日の現況で記載します。）

	使用人の氏名	性別	年齢 経験 年数	仕事の内容・ 従事の程度	資格等	給　　料		賞　　与		昇 給 の 基 準
						支給期	金額（月額）	支給期	支給の基準（金額）	
1			歳 年				円			
2										
3										
4										

※ 別に給与規程を定めているときは、その写しを添付してください。

関与税理士

(TEL　　－　　　－　　　)

税務署整理欄	整理番号		関係部門 連絡	A	B	C
	0					
	通信日付印の年月日		確認			
	年　月　日					

忙しくなってきたら、母に事務とかお願いしようかな。

 ちゃんと手伝ってもらってくださいね。昔、調査でおばあちゃんのお給料が問題となって、おばあちゃんは電話番だと主張したのですが、おばあちゃんは耳が遠くて電話には出られず、専従者給与を否認されてしまったという事例があったんですよ。

 （笑）

 あと気を付けていただきたいのが、専従者になっている人は、誰かの配偶者控除や扶養控除の対象となることができなくなります。

 配偶者控除？

 「所得控除」のひとつです。通常、所得控除を引く前の、妻（夫）の所得が 48 万円以下の場合、夫（妻）は「配偶者控除」が受けられます。

給与収入		
給与所得		給与所得控除

課税所得金額		所得控除
手残り	税金	

 所得控除を引く前だから、通常、妻はこの図だと上の段の**給与所得**が 48 万円以下である必要があるのね。

配偶者は「配偶者控除」、親や子など配偶者でない場合は「扶養控除」の対象ですが、誰かの専従者になった場合、所得が48万円以下であっても配偶者控除、扶養控除の対象になれないんです。

配偶者だと「配偶者控除」っていうのね。

配偶者も「扶養に入る」とか「扶養にする」とか表現しますが、税金的には別の名前がついているし、控除額も違うんですよ。

じゃあ、母が私の専従者になったら、父は配偶者控除が受けられなくなるんだ。

そういうことになりますね。

③ 青色申告と白色申告はこれだけ違う

収支内訳書

西村さんは、令和3年は白色なので売上帳と経費帳から収支内訳書を作成しますよ。ほぼ転記すればいいだけなので。

103

令和 03 年分収支内訳書（一般用）

あなたの本年分の事業所得の金額の計算内容をこの表に記載して確定申告書に添付してください。

住 所	東京都渋谷区笹塚〇-〇-〇	フリガナ 氏 名	ニシムラ アキコ 西村 アキコ ㊞	事務所所在地
事業所所在地	同上	電話番号	(自 宅) XX-XXXX-XXXX (事業所)	税理士等 氏 名(名称)
業種名 イラストレーター 屋号		加入団体名		電話番号

この収支内訳書は機械で読み取りますので、黒のボールペンで書いてください。

令和　年　月　日

（自 9月1日 至 12月31日）　整理番号

科 目		金 額（円）	科 目		金 額（円）
収入金額	売上(収入)金額 ①	4 6 2 0 0 0		旅費交通費 ㋬	5 0 4
	家事消費 ②			通信費 ㋭	1 0 6 6 4
	その他の収入 ③			広告宣伝費 ㋯	
	計(①+②+③) ④	4 6 2 0 0 0	経費 その他の経費	接待交際費 ㋰	2 8 0 0 0
売上原価	期首商品(製品)棚卸高 ⑤			損害保険料 ㋱	
	仕入金額(製品製造原価) ⑥			修繕費 ㋲	
	小計(⑤+⑥) ⑦	0		消耗品費 ㋳	
	期末商品(製品)棚卸高 ⑧			福利厚生費 ㋴	
	差引原価(⑦-⑧) ⑨	0		会議費 ㋵	2 4 0
	差引金額(④-⑨) ⑩	4 6 2 0 0 0		㋶	
経費	給料賃金 ⑪			㋷	
	外注工賃 ⑫			㋸	
	減価償却費 ⑬	6 0 0 0 0		雑費 ㋹	
	貸倒金 ⑭			小計(㋬～㋹までの計) ㋺	4 3 8 1 6
	地代家賃 ⑮			経費計(⑪～⑯+㋺の計) ㋩	1 0 3 8 1 6
	利子割引料 ⑯		専従者控除前の所得金額(⑩-㋩) ⑰		3 5 8 1 8 4
その他の経費	租税公課 ㋑	3 3 8 4	専従者控除 ⑱		
	荷造運賃 ㋺		所得金額(⑰-⑱) ⑲		3 5 8 1 8 4
	水道光熱費 ㋩	1 0 2 4			

○給料賃金の内訳

氏 名(年齢)	従事月数	給料賃金	賞与	合 計	所得税及び復興特別所得税の源泉徴収税額
( )		円	円	円	円
( )					
( )					
その他(人分)					
計 ㉑ 延べ従事月数					

○税理士・弁護士等の報酬・料金の内訳

支払先の住所・氏名	本年中の報酬等の金額	左のうち必要経費算入額	所得税及び復興特別所得税の源泉徴収税額
	円	円	円

○事業専従者の氏名等

氏 名(年齢)	続 柄	従事月数
( )		
( )		
延べ従事月数		

【税務署整理欄】

㉒	
㉓	
㉔	
㉕	

○売上（収入）金額の明細

売 上 先 名	所 在 地	売上(収入)金額
A社	東京都港区赤坂△-△-△	165,000 円
B社	東京都中央区日本橋X-X-X	220,000
C社	東京都新宿区西新宿X-X-X	77,000
上記以外の売上先の計	右記①のうち軽減税率対象 円	計① 462,000

○仕入金額の明細

仕 入 先 名	所 在 地	仕 入 金 額
		円
上記以外の仕入先の計	右記⑥のうち軽減税率対象 円	計⑥

○減価償却費の計算

減価償却資産の名称等(繰延資産を含む)	面積又は数量	取得年月	㋑取得価額(償却保証額)	償却の基礎になる金額	償却方法	耐用年数	㋺償却率又は改定償却率	㋩本年中の償却期間	本年分の普通償却費(㋑×㋺×㋩)	特別償却費	本年分の償却費合計(㋥+㋭)	事業専用割合	本年分の必要経費算入額(㋭×㋬)	未償却残高(期末残高)	摘 要
一括償却資産		R3・	180,000 円 ( )	180,000		年	1/3	12/12	60,000		60,000	100.00 %	60,000	120,000	別紙一括償却資産内訳明細書を参照
		・ ( )						12							
		・ ( )						12							
		・ ( )						12							
		・ ( )						12							
計									60,000	0	60,000		60,000	120,000	

(注) 平成19年4月1日以後に取得した減価償却資産について定率法を採用する場合にのみ㋑欄のカッコ内に償却保証額を記入します。

○地代家賃の内訳

支払先の住所・氏名	賃借物件	本年中の賃借料・権利金等	左の賃借料のうち必要経費算入額
		更新 賃	円
		更新 賃	

○本年中における特殊事情

9月開業。

○利子割引料の内訳（金融機関を除く）

支払先の住所・氏名	期末現在の借入金等の金額	本年中の利子割引料	左のうち必要経費算入額
	円	円	円

一 括 償 却 資 産 内 訳 明 細 書
【事業所得（営業等）】
（令和 3年 9月 1日 ～ 令和 3年12月31日）

氏名：西村　アキコ

P － 1
（単位：円）

行	固定資産コード	資産の名称	原価区分	面積・数量	取 得 年 月 日業 務 供 用 日	取得価額(A)	事業専用割合(B)	(A)×(B)	摘要
【令和 3年 1月 1日～令和 3年12月31日】									
1	0000000001	パソコン	販売管理費	1.00台	令和 3年 8月20日令和 3年10月 1日	180,000	100.00%	180,000	
		合　計				180,000	100.00%	180,000	
		償 却 費 合 計必要経費算入額				60,000		60,000	
		本年未償却残高				120,000			
		【総合計】取 得 価 額				180,000	100.00%	180,000	
		償 却 費 合 計必要経費算入額				60,000		60,000	
		本年未償却残高				120,000			

あれ？　収支内訳書って２枚じゃなかったっけ？

収支内訳書は２枚ですが、一括償却資産とした場合は明細書をつける決まりがあるんですよ。

青色申告決算書

西村さんがもし青色申告で、65万円控除を受けたらどうなっていたかも作成してみましょう。違いを探してみてください。

FA3000

令和 03 年分所得税青色申告決算書（一般用）

住所	東京都渋谷区笹塚○-○-○	フリガナ	ニシムラ アキコ	依頼	事務所所在地	
		氏名	西村 アキコ ㊞			
事業所所在地	同上	電話番号	(自宅) XX-XXXX-XXXX (事業所)	税理士等	氏名(名称)	
業種名	イラストレーター 屋号	加入団体名			電話番号	

この青色申告決算書は機械で読み取りますので、黒のボールペンで書いてください。

整理番号 0000000

損益計算書（自 9月1日 至 12月31日）

科目	金額（円）	科目	金額（円）	科目	金額（円）
売上(収入)金額(雑収入を含む) ①	462000	消耗品費 ⑰	180000	貸倒引当金 ㉝	
期首商品(製品)棚卸高 ②		減価償却費 ⑱		㉞	
仕入金額(製品製造原価) ③		福利厚生費 ⑲		計	0
小計(②+③) ④	0	給料賃金 ⑳		専従者給与 ㊵	
期末商品(製品)棚卸高 ⑤		外注工賃 ㉑		貸倒引当金 ㊶	3025
差引原価(④-⑤) ⑥	0	利子割引料 ㉒		㊷	
差引金額(①-⑥) ⑦	462000	地代家賃 ㉓		計	3025
租税公課 ⑧	3384	貸倒金 ㉔		青色申告特別控除前の所得金額	235159
荷造運賃 ⑨		会議費 ㉕	240	青色申告特別控除額	235159
水道光熱費 ⑩	1024	㉖		所得金額	0
旅費交通費 ⑪	504	㉗			
通信費 ⑫	10664	㉘			
広告宣伝費 ⑬		雑費			
接待交際費 ⑭	28000	計 ㉜	223816		
損害保険料 ⑮		差引金額(⑦-㉜) ㉝	238184		
修繕費 ⑯					

●青色申告特別控除については、「決算の手引き」の「青色申告特別控除」の項を読んでください。
●下の欄には、書かないでください。

何が違うんだろう？ 収支計算書にはないけれど消耗品費が 180,000 円ある、あ、これパソコンだ。

そうですね。パソコンは 20 万円未満だから一括償却資産として減価償却費 60,000 円を経費として計上していますが、青色申告なら 30 万円未満なので全額今年の経費にできます。それで、消耗品費に計上したんです。

180,000 円全額は大きいなあ。

青色申告のアメ　貸倒引当金の計上ができる

右の方の、貸倒引当金って？

これも青色申告の特典なんですけど、実際には損失が発生していないのに、貸倒れの見込み額として売掛金・貸付金などの合計に5.5%をかけたものを経費計上できるんですよ。2頁目の左下に計算欄があります。

令和 [0 3] 年分

フリガナ　ニシムラ アキコ
氏 名　西村 アキコ

FA3025

整理番号　0 0 0 0 0 0 0

○月別売上（収入）金額及び仕入金額

月	売上（収入）金額	仕入金額
1	円	円
2		
3		
4		
5		
6		
7		
8		
9		
10	220,000	
11	110,000	
12	132,000	
家事消費等		
雑収入		
計	4 6 2 0 0 0	
うち軽減税率対象	うち　　　　円	うち　　　　円

提出用（令和二年分以降用）

○給料賃金の内訳

氏　名	年齢	従事月数	給料賃金	賞与	合計	所得税及び復興特別所得税の源泉徴収税額
			円	円	円	円
その他（　人分）						
計	延べ従事月数					

○専従者給与の内訳

氏　名	続柄	年齢	従事月数	給料	賞与	合計	所得税及び復興特別所得税の源泉徴収税額
計			延べ従事月数				

○貸倒引当金繰入額の計算（この計算に当たっては、「決算の手引き」の「貸倒引当金」の項を読んでください。）

	金額
個別評価による本年分繰入額（「個別評価による貸倒引当金に関する明細書」の繰入額の合計を書いてください。） ①	円
一括評価による本年分繰入額 一括評価による貸倒引当金の繰入れの対象となる貸金の合計額 ②	55,000
本年分繰入限度額（②×5.5％（金融業は3.3％）） ③	3,025
繰入額　本年分繰入額 ④	3,025
本年分の貸倒引当金繰入額（①＋④） ⑤	3,025

（注）　貸倒引当金、専従者給与や3ページの割増（特別）償却以外の特典を利用する人は、適宜の用紙にその明細を記載し、この決算書に添付してください。

○青色申告特別控除額の計算（この計算に当たっては、「決算の手引き」の「青色申告特別控除」の項を読んでください。）

	金額
本年分の不動産所得の金額（青色申告特別控除額を差し引く前の金額） ⑥	円（赤字のときは0）
青色申告特別控除前の所得金額（1ページの「損益計算書」の⑮の金額を書いてください。） ⑦	235,159（赤字のときは0）
65万円又は55万円と⑥のいずれか少ない方の金額（65万円又は55万円…（青色申告特別控除前の所得金額が⑦です。）） ⑧	235,159
青色申告特別控除額（不動産所得からは差し引かれ る（青色申告特別控除です）） ⑨	235,159
上記以外の場合　10万円と⑥のいずれか少ない方の金額（不動産所得から差し引かれる青色申告特別控除です。） ⑧	
青色申告特別控除額（10万円…一（⑧と⑨のいずれか少ない方の金額）） ⑨	

A社の未入金だった部分に対してですね。でもこれ、令和4年1月に入金になってますよ？

令和3年12月31日には未入金でしたから。

所得が青色申告特別控除額の上限より小さくても所得はマイナスにはならない

 最後の所得金額が、青色申告だと0！

 ちゃんと複式簿記で帳簿を付けて、貸借対照表と損益計算書を作ってe-Taxで電子申告して65万円控除を受けられることを前提として作成しました。

 ㊹の額が235,159円。青色申告特別控除額って65万円じゃないの？

 所得控除は所得の額を限度に行われるので、控除によって所得がマイナスになることはないんです。白色申告と青色申告を並べるとこんな感じですね。

	白色申告の場合	青色申告の場合
売上（収入）	462,000	462,000
経費	103,816	223,816
貸倒引当金繰入	0	3,025
青色申告特別控除	0	235,159
所得	358,184	0

 何これぇ～、大ショック！　白色申告の場合と全然違う！

 これだけなら基礎控除48万円で課税所得なしとなりますが、西村さんは給与所得が加わりますからね。本当は開業前に相談に来てほしかったです。

うううぅ……。

税理士って税務署とセットで見られてしまうところが
あって、たいていの人の税務署のイメージは「怖い」だ
から、税理士も怖いってなって相談に来にくいようで
……もっと税理士側がフレンドリーにならなきゃいけな
いですね。僕も反省しなきゃです。

第5章

確定申告書を書く

　西村さんの所得の計算が終わり、収支内訳書の記入もできました。いよいよ申告書の作成です。ここからは確定申告をするなら誰にでも大切な項目ばかりですので、小林さんも帰ってきて一緒に説明を聞いています。

1 収入と所得

事業収入と所得を記入する

所得が出たところで確定申告書Bに転記していきましょうか。確定申告書B第1表、第2表、収支内訳書を一緒に使いますよ。収支内訳書の④の数字を第1表の⑦に転記して、収支内訳書の㉑の数字を第1表の①に転記します。

確定申告書B第1表

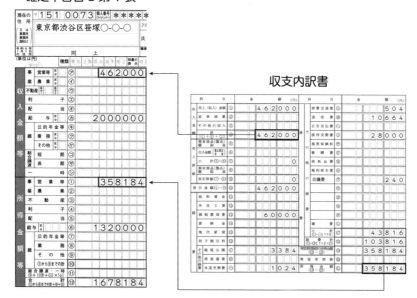

収支内訳書

次に第2表。収入金額は収支内訳書の④と第1表⑦の金額と同じです。西村さんは売上から源泉所得税が引かれているので、売上帳で集計した源泉所得税の額を「源泉徴収税額」の欄に転記します。

確定申告書 B 第 2 表

○ 所得の内訳（所得税及び復興特別所得税の源泉徴収税額）

所得の種類	種目	給与などの支払者の「名称」及び「法人番号又は所在地」等	収 入 金 額	源泉徴収税額
事業（営業等）	原稿料		462,000 円	44,924 円
給 与	給 与	株式会社○○商事	2,000,000	42,160
		㊽ 源泉徴収税額の合計額		87,084 円

売上帳

年	月	日	取引先	摘要	金額	源泉	入金額	入金日	未収
令和 3 年	10	31	B社		220,000	22,462	197,538	11/30	
令和 3 年	11	30	A社		110,000	10,210	99,790	12/20	
令和 3 年	12	5	C社		77,000	7,147	69,853	12/25	
令和 3 年	12	25	A社		55,000	5,105			49,895
				合計	462,000	44,924	367,181		49,895

これで、収支内訳書の出番はおしまいです。

 ええ？　集計して表にして、頑張ったのにこれだけ？

確定申告書には収入（売上）と所得を転記するだけです。確定申告書は結論だけを書くんですよ。

 なんだか拍子抜け。

給与収入と所得を記入する

でも、これなら自分でもできるって思えるでしょ？　あとは、源泉徴収票を出してください。確定申告書第1表の収入金額等と所得金額等の部分を仕上げてしまいましょう。源泉徴収票の「支払金額」を第1表の㋗に転記、「源泉徴収税額」を第2表に転記します。

令和 3 年分　給与所得の源泉徴収票

支払を受ける者	住所又は居所	東京都渋谷区笹塚○-○-○			
			(受給者番号) 001000001		
			(役職名)		
			氏名	(フリガナ) ニシムラ　アキコ	
				西村　アキコ	

種別	支払金額	給与所得控除後の金額 （調整控除後）	所得控除の額の合計額	源泉徴収税額
給与	内　2,000,000 円	円	内　円	内　42,160 円

(源泉)控除対象配偶者の有無等		配偶者(特別)控除の額	控除対象扶養親族の数（配偶者を除く。）			16歳未満扶養親族の数	障害者の数（本人を除く。）		非居住者である親族の数
有	従有	老人	特定	老人	その他		特別	その他	
		千　円	人　従人	内　人　従人	人　従人　人	人	内　人　その他　人	人	人

社会保険料等の金額	生命保険料の控除額	地震保険料の控除額	住宅借入金等特別控除の額
内　292,240 円	円	円	円

(摘要)　年調未済

第 1 表の所得金額等⑥の金額は西村さんの場合、年末調整が終わっていないので源泉徴収票に書いていないので計算しましょう。給与の支払金額 200 万円から下の表で計算した給与所得控除額 68 万円を差し引いた額 132 万円を第 1 表⑥に記入します。

年末調整が終わっている場合は、支払金額の隣の「給与所得控除後の金額」を記入します。

【給与所得控除額】

給与等の収入金額 （給与所得の源泉徴収票の支払金額）		給与所得控除額
	1,625,000 円まで	550,000 円
1,625,001 円から	1,800,000 円まで	収入金額× 40％－ 100,000 円
1,800,001 円から	3,600,000 円まで	収入金額× 30％＋ 80,000 円
3,600,001 円から	6,600,000 円まで	収入金額× 20％＋ 440,000 円
6,600,001 円から	8,500,000 円まで	収入金額× 10％＋ 1,100,000 円
8,500,001 円以上		1,950,000 円（上限）

未納付の源泉徴収税額がある場合

西村さんはもうひとつ書くところがありましたね。第1表の右側㊽の「未納付の源泉徴収税額」です。

源泉徴収税額	㊽			8	7	0	8	4
申告納税額 (㊺-㊻-㊼-㊽)	㊾		−	7	0	6	9	7
予定納税額 (第1期分・第2期分)	㊿							
第3期分の税額 (㊾-㊿)	納める税金	51					0	0
	還付される税金	52	△		7	0	6	9	7
公的年金等以外の合計所得金額	53							
配偶者の合計所得金額	54							
専従者給与(控除)額の合計額	55							
青色申告特別控除額	56							
雑所得・一時所得等の源泉徴収税額の合計額	57							
未納付の源泉徴収税額	58				5	1	0	5	←ココ

未納付の源泉徴収税額？ 源泉徴収って私に報酬を支払った会社が天引きして税務署に納付するんでしょ？ 私、関係なくない？

令和3年12月末までに支払われていない報酬がありましたよね。A社からの支払調書で内書きになっていた分です。

令和 3 年分 報酬、料金、契約金及び賞金の支払調書 **報**

支払を受ける者	住所(居所)又は所在地	東京都渋谷区笹塚○-○-○				
	氏名又は名称	西村　アキコ			個人番号又は法人番号	＊＊＊＊＊＊＊＊＊＊＊＊
区　分	細　目		支　払　金　額		源泉徴収税額	
原稿料			内 50,000 150,000 円		内 5,105 15,315 円	
(摘要) 外消費税等　15,000円						

○「個人番号又は法人番号」欄に個人番号(12桁)を記載する場合には、

あの内書きの源泉徴収税額部分、令和3年12月末にはA社は税務署に納付していないんですよ。その分をここに記入するんです。

A社が未納付なのに、私が確定申告書に書くんだ！

実際に還付される額は㊾「還付される税金」－㊿「未納付の源泉徴収税額」の額となります。

5,105円はどうなっちゃうの？

未納付の源泉徴収税額の還付を受けるには

税務署に、「源泉徴収税額の納付届出書」を提出するんですよ。確定申告書を提出するまでにはたいてい入金になっているでしょう。入金しているなら確定申告と同時に提出してしまいます。そうすると、還付口座として記載した口座に還付されますよ。

そうなんだ！　よかった。

源泉徴収税額の納付届出書

<table>
<tr><td rowspan="2">税務署受付印</td><td rowspan="4">令和4年 3 月 15 日提出

渋谷 税務署長 殿</td><td>住　所
（又は居所）</td><td>東京都渋谷区笹塚〇-〇-〇</td></tr>
<tr><td>（フリガナ）
氏　名</td><td>ニシムラ　アキコ
西村　アキコ　　　　　　　　　㊞</td></tr>
<tr><td></td><td></td><td>電話 ×× (××××)××××</td></tr>
<tr><td></td><td>個人番号</td><td>× × × × × × × × × × × ×</td></tr>
</table>

令和 3 年分所得税（及び復興特別所得税）の確定申告、更正又は決定に係る所得税法第 120 条第 1 項第 6 号、第 123 条第 2 項第 7 号又は東日本大震災からの復興のための施策を実施するために必要な財源の確保に関する特別措置法第 17 条第 1 項第 4 号に規定する源泉徴収税額のうち、まだ源泉徴収されていなかったものについて、次のとおり源泉徴収されましたので届け出ます。

	区　分	金　額	給与等が支給された日	支給者の住所（又は所在地）及び氏名（又は名称）
①	源泉徴収されていなかった所得税（及び復興特別所得税）の額	5,105 円		
②	源泉徴収された所得税（及び復興特別所得税）の額	5,105 円	（　　年　　月　　日） 4 年 1 月 31 日	東京都港区赤坂△-△-△ A社
		円	（　　年　　月　　日） 　　年　　月　　日	
		円	（　　年　　月　　日） 　　年　　月　　日	
		円	（　　年　　月　　日） 　　年　　月　　日	
③	差　引　額 （①－②）	0 円		

還付される所得税（及び復興特別所得税）の額は、次の方法で受け取ります。

1　銀行等の預金口座に振込みを希望する場合

〇〇　銀行・金庫・組合
農協・漁協　笹塚　本店・支店
出張所
本所・支所　普通 預金　口座番号 1234567

2　ゆうちょ銀行の貯金口座に振込みを希望する場合　貯金口座の記号番号＿＿＿＿＿＿＿ー＿＿＿＿＿＿＿

3　郵便局等の窓口での受け取りを希望する場合　郵便局名等＿＿＿＿＿＿＿＿＿＿＿＿＿＿＿

（注）1　給与等が支給された後に所得税（及び復興特別所得税）が徴収された場合には、その徴収された日を「給与等が支給された日」欄の上部のかっこ内に記載してください。
　　　2　※印の箇所は記載しないでください。

<table>
<tr><td rowspan="3">※税務署整理欄</td><td>番号確認</td><td>確認書類
個人番号カード ／ 通知カード・運転免許証
その他（　　　　　　　　　　　　　　）</td></tr>
<tr><td>身元確認</td><td rowspan="2"></td></tr>
<tr><td>□ 済
□ 未済</td></tr>
</table>

2 所得控除

支払が控除になるもの、納税者の状況が控除になるもの

次は「所得控除」にいきますよ。

 所得税の優しい部分ですよね。僕もちゃんと聞かなきゃ。

所得控除は 15 種類ありますが、大きく 3 つにわけてみ
ました。

① 支払った額が全額控除になるもの

　社会保険料控除、小規模企業共済等掛金控除

② 支払った額の一部が控除になるもの

　生命保険料控除、地震保険料控除、雑損控除、医療費控除、寄附金控除

③ 納税者本人や家族の状況により控除になるもの

　寡婦控除、ひとり親控除、勤労学生控除、障害者控除、配偶者控除、配
偶者特別控除、扶養控除、基礎控除

①と②は支払った額が対象となるので、支払った証拠資
料を見ながら処理します。西村さん、後で使うのでしまっ
ておいてくださいと言った書類を出していただけます
か？

社会保険料控除

国 民 健 康 保 険 料 納 付 確 認 書

（税金の申告のみに使用してください）

（〒 151-0073） 東京都渋谷区笹塚〇-〇-〇 西村　アキコ	様

記　号　番　号	000000001
納　付　期　間	令和　3 年　1 月　1 日から 令和　3 年 12 月 31 日まで
① 特　別　徴　収　分	￥0
② 普　通　徴　収　分	￥38,000
③ ＝ ① ＋ ② 合　計　納　付　済　額	￥38,000

社会保険料（国民年金保険料）控除証明書

被保険者氏名　西村　アキコ　　　様
住　　　所　東京都渋谷区笹塚〇-〇-〇

令和3年中（令和3年1月1日から令和3年12月20日まで）に納付された
国民年金保険料の額は、次のとおりであることを証明します。

証　明　日　令和 3 年 12 月 20 日
歳入徴収官　厚生労働省年金局事業管理課長　㊞

【令和3年中の納付済保険料額】

①納付済額	納付済保険料の証明額	66,440 円

●「①納付済額」欄の証明額は、令和3年1月1日から令和3年9月30日
　までに納付された保険料額です。

（ご参考）

②見込額	10月1日から12月31日までに 納付が見込まれる保険料額	***** 円
③合計額	①納付済額＋②見込額 （②見込額がある場合に表示）	***** 円

●以下の場合は、②見込額・③合計額が表示されません。
・国民年金第1号被保険者ではない場合
・令和4年3月または令和5年3月までの保険料を前納されている場合
・保険料の未納期間がある場合　　　　　　　　　　　　　など

納付状況の内訳

年 ＼ 月	納付対象月											
	1	2	3	4	5	6	7	8	9	10	11	12
								済	済	済	済	

●「済」は令和3年中に納付された月を、「見」は令和3年中に納付が見込まれ
　る月を示しています。
●11月分保険料（口座振替の早割の方は12月分保険料）は、翌年分の控除対象
　です。

◎社会保険料控除（年末調整・確定申告）
　を申告される場合は

●「③合計額」欄を申告してください。
　ただし、「③合計額」欄に記載がない方は、
　「①納付済額」欄の額を申告してください。

●10月1日から12月31日までに、「①納付済
　額」欄または「③合計額」欄の額以外の保険料
　を納付された場合は、その分の領収証書を添
　付して申告してください。

音声コード

※上のマークは目の不自由な
　方のための音声コードです。

2010 1034 003 C

西村さんが令和3年に払った社会保険料はお給料から天引きされていた社会保険料の額と、国民年金と国民健康保険なのでこんな感じですね。これらは全額控除できます。第2表に記入しますよ。

お給料から社会保険料が天引き！ 忘れるところだった。

僕もお給料から天引きされてた分あったな

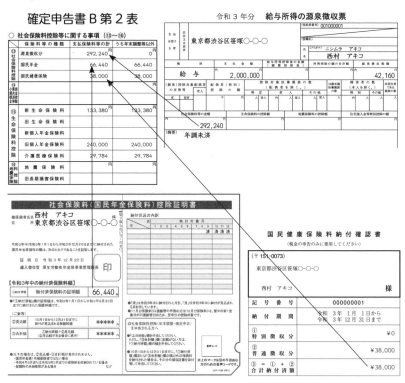

第2表の⑬の金額を合計すると396,680円。これを第1表の「所得から差し引かれる金額」⑬に転記します。

社会保険料控除	⑬				3	9	6	6	8	0

生命保険料控除

2021 年分（令和 3 年分）　生命保険料控除証明書（一般・介護医療用）　1／2

適用制度：新制度

証券番号	○○○○組第○○○○○○－0号		保険種類	配当付終身保険			保険期間	終身
契 約 者	西村　アキコ様							
契 約 日	2014年 5月 1日	払込方法	口座振替扱月払		配当方法	積立		

2022年 9月分までのお払込額を以下のとおり証明します。　（ご参考）12月末時点のご申告額は以下のとおりです。

分類	保険料(A)　円	配当金(相当額)(B)円	証明額(A−B)　円	分類	年間保険料(a)　円	配当金(相当額)(b)円	申告額(a−b)　円
新制度 介護医療 一般	★★★★★★★★★★★ ★★★★★★★★★★★ 100,035	★★★★★★★★★★★ ★★★★★★★★★★★ 0	★★★★★★★★★★★ ★★★★★★★★★★★ 100,035	新制度 介護医療 一般	★★★★★★★★★★ ★★★★★★★★★★ 133,380	★★★★★★★★★★ ★★★★★★★★★★ 0	★★★★★★★★★★ ★★★★★★★★★★ 133,380
介護	22,338	0	22,338	介護	29,784	0	29,784

※その他にも大切な留意点がありますので、裏面の「生命保険料控除申告上の留意事項」欄を必ずご確認ください。

証明日 ：2021年 10月 4日　　○○○○保険株式会社㊞

2021 年分（令和 3 年分）　生命保険料控除証明書（個人年金用）　2／2

適用制度：旧制度

証券番号	△△△△組第△△△△△△−△号		保険種類	配当付個人年金保険				
契 約 者	西村　アキコ様						年金受取人生年月日	1989年 5月 5日
年金受取人	西村　アキコ様							
契 約 日	2009年 8月 1日	年金支払開始日	2040年 8月 1日	保険料払込期間	31年	年金支払期間	10 年	
払 込 方 法	口座振替扱月払		配当方法	積立				

2021年 9月分までのお払込額を以下のとおり証明します。　（ご参考）12月末時点のご申告額は以下のとおりです。

分類	保険料(A)　円	配当金(相当額)(B)円	証明額(A−B)　円	分類	年間保険料(a)　円	配当金(相当額)(b)円	申告額(a−b)　円
旧制度 年金	180,000		180,000	旧制度 年金	240,000		240,000
新制度 ★般	★★★★★★★★★★★	★★★★★★★★★★★	★★★★★★★★★★★	新制度 ★般	★★★★★★★★★★	★★★★★★★★★★	★★★★★★★★★★
年金	★★★★★★★★★★★	★★★★★★★★★★★	★★★★★★★★★★★	年金	★★★★★★★★★★	★★★★★★★★★★	★★★★★★★★★★
★般	★★★★★★★★★★★	★★★★★★★★★★★	★★★★★★★★★★★	★般	★★★★★★★★★★	★★★★★★★★★★	★★★★★★★★★★
年金	★★★★★★★★★★★	★★★★★★★★★★★	★★★★★★★★★★★	年金	★★★★★★★★★★	★★★★★★★★★★	★★★★★★★★★★

※その他にも大切な留意点がありますので、裏面の「生命保険料控除申告上の留意事項」欄を必ずご確認ください。

証明日 ：2021年 10月 4日　　○○○○保険株式会社㊞

次は、生命保険料控除。これは支払った額の一部が控除となります。一般の生命保険料、個人年金保険料、介護医療保険料を分けて記入します。このときに、一般の生命保険と個人年金保険は新契約と旧契約があるので注意してください。

個人年金保険は旧契約で、一般の生命保険は新契約になってる。

金額は「ご参考」の金額を記入します。証明日が10月なので、それ以降も保険料を支払ってるなら12月末にはいくらになりますよ、っていう額なんです。

なるほど、年末には「ご参考」の額を支払ってるからご参考の額でいいんだ。

これを第2表に転記します。

確定申告書B第2表

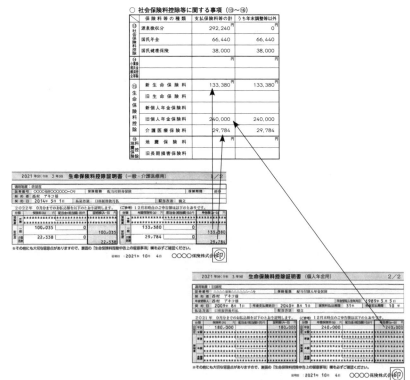

生命保険料控除は、社会保険料控除と違って全額が所得控除にはなりません。控除額を計算しなきゃいけないんです。

【新契約・介護医療の場合】

年間の支払保険料等	控除額
20,000 円以下	支払保険料等の全額
20,000 円超　40,000 円以下	支払保険料等× 1/2 ＋ 10,000 円
40,000 円超　80,000 円以下	支払保険料等× 1/4 ＋ 20,000 円
80,000 円超	一律 40,000 円

【旧契約の場合】

年間の支払保険料等	控除額
25,000 円以下	支払保険料等の全額
25,000 円超　50,000 円以下	支払保険料等× 1/2 ＋ 12,500 円
50,000 円超　100,000 円以下	支払保険料等× 1/4 ＋ 25,000 円
100,000 円超	一律 50,000 円

〈西村さんの場合〉

新契約　一般の生命保険	133,380 円	……控除額	40,000 円
介護医療	29,784 円	……控除額	24,892 円
旧契約　個人年金保険	240,000 円	……控除額	50,000 円
		控除額合計	114,892 円

これを第 1 表の「所得から差し引かれる金額」欄の⑮「生命保険料控除」に転記します。

生命保険料控除は第 1 表と第 2 表に書く金額が違うのね。

生命保険料控除	⑮		1 1 4 8 9 2

第1表は計算した、実際に控除する額を記入します。あと、この欄は最高12万円までしか記入できません。生命保険料控除は、計算した額を合計して12万円を超えても12万円までの控除となります。

 計算が必要な上に頭打ちもあるなんて間違えそうで不安……。

e-Taxで申告すれば保険料を入力すると自動で計算してくれるので大丈夫ですよ。保険契約の種類と新・旧を見分けられれば大丈夫。

 なんで生命保険料を払うと税金が安くなるんだろう？

日本は戦後、社会保障制度が十分とは言い切れなかったので、相互扶助による生活安定の効果を持つ生命保険を優遇したんですよ。

 そういう政治的な理由があったんだ。

税制は社会的な要請や、国が日本の社会や経済をどのように導きたいかで創設、廃止、改正されます。理由を知ると面白いですよ。

寄附金控除（ふるさと納税）

寄附整理番号　○○○○ - △△△△

寄　附　金　受　領　証　明　書

住　　　　　所	〒 151-0073 東京都渋谷区笹塚○ - ○ - ○
氏　　　　　名	西村　アキコ　様
寄　附　金　額	￥15,000
受　領　年　月　日	令和 3 年 8 月 5 日

上記の寄附金について、受領したことを証明します。

令和 3 年 8 月 8 日

××市会計管理者

「寄附金受領証明書」、これはふるさと納税ですね。ふるさと納税というのは通称で、正式名称は「寄附金控除」。これも支払った額の一部が控除となります。

寄附金控除

その年中に支出した特定寄附金の額の合計額－ 2,000 円
＝寄附金控除額
（注）　特定寄附金の額の合計額は所得金額の 40％相当額が限度です。

ここの「所得金額の40%」で使う所得の額は、第1表の⑫の額を使います。

その年中に支出した特定寄附金の額の合計額 15,000円 − 2,000円
= 13,000円

限度額 671,273円（⑫ 1,678,184円× 40%）

13,000円 < 671,273円なので 13,000円が寄附金控除の額となりますね。

確定申告書B第1表

寄 附 金 控 除	㉘	1 3 0 0 0

確定申告書B第2表

○ 寄附金控除に関する事項 （㉘）

寄附先の名称等	××市	寄附金	円 15,000

○ 住民税・事業税に関する事項

住民税	非上場株式の少額配当等	非居住者の特例	配当割額控除額	株式等譲渡所得割額控除額	特定配当等・特定株式等譲渡所得の全部の申告不要	給与、公的年金等以外の所得に係る住民税の徴収方法 特別徴収	自分で納付	都道府県、市区町村への寄附（特例控除対象）	共
	円	円	円	円	○		○	円 15,000	

これも第1表と第2表の記載金額が違う。

第1表は控除対象額だけを書くので、2,000円引いた額になってます。

ふるさと納税っていくらまでするのがお得なの？

これ、いくらまでするのがお得なの？

それ、税理士泣かせの質問なんですよ。

そうなんだ😔

正しくは、今年の所得が出ないとわからないんです。サラリーマンでほぼ去年と一緒、というならいいのですが、お二人のような事業主の場合、去年と今年で大きく数字が変わることもありますしねえ。

確かに。

去年と変わらないというのであれば、ネット上でシミュレーションができますので目安金額はすぐわかりますよ。手計算するなら去年の所得税率と住民税所得割額が必要です。

〈実質自己負担 2,000 円で寄附できる目安〉

$$\frac{住民税所得割額 \times 20\%}{100\% - 住民税基本分10\% - (所得税率 \times 復興特別所得税率102.1\%)} + 2,000 円$$

住民税所得割額？

6 月頃に届く住民税納税通知書を見ればわかりますよ。が、住宅ローン控除を受けている方は税理士に相談した方がいいですね。

127

医療費控除

領 収 証

患者番号	氏 名		
00000○○○○	西村 アキコ 様	令和3年8月15日分	

受診科	領収書No.	発 行 日	費 用 区 分	負担割合	本・家	区 分
歯科		令和3年8月15日		30%	本人	

保 険	初・再診科	医学管理等	在宅医療	検 査	画像診断	投 薬	注 射
	261 点	90 点	点	200 点	402 点	点	点
	リハビリテーション	処 置	手 術	麻 酔	歯冠修復及び欠損補綴	その他	歯科矯正
	点	52 点	点	点	点	点	点
	病理診断	食事療養	生活療養				
	点	円	円				

	保 険	保 険 (食事・生活)	保険外負担
合 計	1005 点	円	円
負 担 額	3,020 円	円	円
領収額 合計			3,020 円

保険外 負担	評価療養・選定療養	その他
	円	円
	(内訳)	(内訳)

医社)○○デンタルクリニック
東京都世田谷区北沢△－△
TEL 03-××××-××××

㊞

領 収 証

患者番号	氏 名		
00000○○○○	西村 アキコ 様	令和3年10月3日分	

受診科	領収書No.	発 行 日	費 用 区 分	負担割合	本・家	区 分
歯 科		令和3年10月3日		30%	本人	

保 険	初・再診科	医学管理等	在宅医療	検 査	画像診断	投 薬	注 射
	点	点	点	点	点	点	点
	リハビリテーション	処 置	手 術	麻 酔	歯冠修復及び欠損補綴	その他	歯科矯正
	点	点	点	点	点	点	点
	病理診断	食事療養	生活療養				
	点	円	円				

	保 険	保 険 (食事・生活)	保険外負担
合 計	点	円	77,000 円
負 担 額	円	円	77,000 円
領収額 合計			77,000 円

保険外 負担	評価療養・選定療養	その他
	円	77,000 円
	(内訳)	(内訳)
		インレーハイブリッド

医社)○○デンタルクリニック
東京都世田谷区北沢△－△
TEL：03-××××-××××

㊞

領 収 証

患者番号	氏　名		
00000○○○○	西村　アキコ	様	令和3年10月10日分

受診科	領収書No.	発　行　日	費用区分	負担割合	本・家	区　分
歯科		令和3年10月10日		30%	本人	

保険	初・再診科	医学管理等	在宅医療	検　査	画像診断	投　薬	注　射
	54 点	110 点	点		点	点	点
	リハビリテーション	処　置	手　術	麻　酔	歯冠修復及び欠損補綴	その他	歯科矯正
	点	216 点	点	40 点	630 点	点	点
	病理診断	食事療養	生活療養				
	点	円	円				

保険外負担	評価療養・選定療養	その他
	円	円
	(内訳)	(内訳)

	保　険	保　険（食事・生活）	保険外負担
合　計	1050 点	円	円
負担額	3,150 円	円	円
領収額合計			3,150 円

医社）○○デンタルクリニック
東京都世田谷区北沢△－△
TEL：03-××××-××××　[印]

領 収 証

患者番号	氏　名		
00000○○○○	西村　アキコ	様	令和3年10月17日分

受診科	領収書No.	発　行　日	費用区分	負担割合	本・家	区　分
歯　科		令和3年10月17日		30%	本人	

保険	初・再診科	医学管理等	在宅医療	検　査	画像診断	投　薬	注　射
	点	点	点	点	点	点	点
	リハビリテーション	処　置	手　術	麻　酔	歯冠修復及び欠損補綴	その他	歯科矯正
	点	点	点	点	点	点	点
	病理診断	食事療養	生活療養				
	点	円	円				

保険外負担	評価療養・選定療養	その他
	円	3,300 円
	(内訳)	(内訳)
		形成・印象

	保　険	保　険（食事・生活）	保険外負担
合　計	点	円	3,300 円
負担額	円	円	3,300 円
領収額合計			3,300 円

医社）○○デンタルクリニック
東京都世田谷区北沢△－△
TEL　03-××××-××××　[印]

医療費の領収書、これは医療費控除ですね。支払った額の一部が控除になります。

 10万円超えたら控除ですよね？　一応持ってきたけど、そんなにいかなかった。

医療費控除って10万円超えてなくても受けられることがあります。所得が200万円未満の場合、所得の5％を超えていればその分受けられるんです。所得が200万円以上の人は10万円を超えた分が医療費控除の対象です。

 そうなの？　私の所得って？

これも寄附金控除のときと同じ所得を使います。第1表⑫の額 1,678,184円×5％だから 83,909円。

 支払った医療費は86,470円だから2,561円多い！持ってきてよかった！

医療費控除はこちらの明細書を記入する必要がありますよ。

令和3年分　医療費控除の明細書【内訳書】

※この控除を受ける方は、セルフメディケーション税制は受けられません。

住　所 東京都渋谷区笹塚○−○−○　　　　氏　名 西村　アキコ

1 医療費通知に記載された事項

医療費通知(※)を添付する場合、右記の(1)〜(3)を記入します。

※医療保険者等が発行する医療費の額等を通知する書類で、次の6項目
が記載されたものをいいます。

（例：健康保険組合等が発行する「医療費のお知らせ」）

①被保険者等の氏名、②療養を受けた年月、③療養を受けた者、
④療養を受けた病院・診療所・薬局等の名称、⑤被保険者等が
支払った医療費の額、⑥保険者等の名称

	(1)医療費通知に記載された医療費の額	(2) (1)のうちその年中に実際に支払った医療費の額	(3) (2)のうち生命保険や社会保険などで補てんされる金額
	㋐　　　　　　円	㋑　　　　　　円	円

この明細書は、申告書と一緒に提出してください。

2 医療費(上記1以外)の明細

「領収書1枚」ごとではなく、
「医療を受けた方」・「病院等」ごとにまとめて記入できます。

(1)医療を受けた方の氏名	(2)病院・薬局などの支払先の名称	(3) 医療費の区分	(4)支払った医療費の額	(5) (4)のうち生命保険や社会保険などで補てんされる金額
西村　アキコ	○○デンタルクリニック	☑診療・治療 □介護保険サービス □医薬品購入 □その他の医療費	86,470 円	円
		☑診療・治療 □介護保険サービス □医薬品購入 □その他の医療費		
		☑診療・治療 □介護保険サービス □医薬品購入 □その他の医療費		
		☑診療・治療 □介護保険サービス □医薬品購入 □その他の医療費		
		□診療・治療 □介護保険サービス □医薬品購入 □その他の医療費		
		□診療・治療 □介護保険サービス □医薬品購入 □その他の医療費		
		□診療・治療 □介護保険サービス □医薬品購入 □その他の医療費		
		□診療・治療 □介護保険サービス □医薬品購入 □その他の医療費		
		□診療・治療 □介護保険サービス □医薬品購入 □その他の医療費		
		□診療・治療 □介護保険サービス □医薬品購入 □その他の医療費		
		□診療・治療 □介護保険サービス □医薬品購入 □その他の医療費		
		□診療・治療 □介護保険サービス □医薬品購入 □その他の医療費		
		□診療・治療 □介護保険サービス □医薬品購入 □その他の医療費		
		□診療・治療 □介護保険サービス □医薬品購入 □その他の医療費		
2　の　合　計			㋒ 86,470	㋓

医　療　費　の　合　計	A (㋐＋㋒) 円 86,470	B (㋑＋㋓) 円

3 控除額の計算

支払った医療費	(合計) 86,470 円	A
保険金などで補てんされる金額		B
差引金額 (A − B)	(マイナスのときは0円) 86,470	C
所得金額の合計額	1,678,184	D
D × 0.05	(赤字のときは0円) 83,909	E
Eと10万円のいずれか少ない方の金額	83,909	F
医療費控除額 (C − F)	(最高200万円、赤字のときは0円) 2,561	G

申告書第一表の「所得金額等」の合計欄の金額を転記します。
(注) 次の場合には、それぞれの金額を加算します。
・退職所得及び山林所得がある場合・・・その所得金額
・ほかに申告分離課税の所得がある場合・・・その所得金額
(特別控除前の金額)
なお、損失申告の場合には、申告書第四表(損失申告用)の
「4繰越損失を差し引く計算」欄の㋘の金額を転記します。

申告書第一表の「所得から差し引かれる金額」の医療費控除欄に転記します。

明細書の左下「3 控除額の計算」を埋めていけば先ほどの計算ができるようになっています。

医療費 10 万円超えてないけど医療費控除額が 2,561 円。

これを第 1 表に転記しますよ。

医療費控除	区分	㉗			2	5	6	1	

セルフメディケーション税制

医療費控除と書いてあるとなりの「区分」って？

セルフメディケーション税制を選択した場合に「1」と記入します。通常の医療費控除を使う場合には何も記入しません。

セルフメディケーション税制？

病院に行く時間がない人はドラッグストアの市販薬で凌いでいる方もいますが、そういう人にとって使える税制です。

それ僕だ。

セルフメディケーション税制を使うには健康診断や予防接種など、健康の保持増進および疾病の予防として一定の取組みを行っている必要があります。お二人とも、去年の間に健康診断受けました？

受けてない　予防接種もないなあ。新型コロナ感染症のワクチンなら受けたけど。

コロナワクチンは、予防接種法第6条第1項の規定によって行われる予防接種。セルフメディケーション税制での予防接種は第5条第1項、第2条第3項第1号の規定によるものなのでダメだと思います。

個人事業主は健康が資本ですから健康診断受けてくださいね。こんなマークのついた医薬品の購入代金が年間12,000円を超える場合、所得控除が受けられるんです。

気にしたことないなあ……。

イブ、ナロンエース、ロキソニンとかテレビのCMで流れているような薬はほぼついてますよ。

ロキソニンとか買ったレシート捨てちゃった！

それはもったいない。セルフメディケーション税制じゃなくて、医療費控除を選択する場合の控除対象にもなるので、今度からとっておいてくださいね。

 医療費控除の対象にもなるの？

ええ。医療費控除の対象となる支出は幅広いんです。妊娠がわかってからの定期健診や検査の費用、出産費用、不妊治療費もそうですし、柔道整復師、鍼灸師のような国家資格のある人の治療を受けた場合も医療費控除の対象ですよ。

 助かる、座りっぱなしで腰が痛くて。

 僕も、立ち仕事だからひざと腰にくるんだよね。整骨院に行く時間もないからロキソニンでごまかしてるけど。

セルフメディケーション税制の対象となるロキソニンのような薬は「スイッチOTC医薬品」と呼ばれています。令和3年の税制改正で必ずしもスイッチOTC医薬品だけではなくなりましたが。

 スイッチOTC医薬品？

医師によって処方される医薬品から、薬局やドラッグストア等で購入できる医薬品に転用された医薬品のことです。これを、12,000円を超えて購入した金額が所得控除対象の金額になるんですよ。控除上限は10万円。

 セルフメディケーション税制の場合は12,000円を超えた額が控除額で、控除上限は100,000円ということは、最大で88,000円控除が受けられるのか。

健康診断の結果通知や予防接種の領収書などを確定申告時に提出する必要があったのですが、令和3年分からは提出義務がなくなって手元保存になったのでちょっと使いやすくなりましたね。

健康診断の結果を税務署に出さなきゃだったの!? 体重見られちゃうじゃない。よかった、手元保存になって。

医療費控除の最大控除額は200万円。セルフメディケーション税制と医療費控除は選択適用なのでどちらが有利か判定する必要があります。

① 医療費控除の対象となる支出－10万円（所得が200万円未満の場合、総所得金額等×5％）
② セルフメディケーション税制対象医薬品を購入した金額（上限10万円）－ 12,000円
①が大きい……医療費控除
②が大きい……セルフメディケーション税制

③ 確定申告はプライベートな情報がいっぱい

納税者本人の家族の状況によって受けられる所得控除

お金を支払っていないのに控除できる所得控除を見ていきましょう。

納税者本人や家族の状況により控除になるもの

　寡婦控除、ひとり親控除、勤労学生控除、障害者控除、配偶者控除、配偶者特別控除、扶養控除、基礎控除

少々立ち入ったことで恐縮ですが、お二方の家族構成をお聞きします。西村さんのご家族はご両親と……西村さんお子さんいらっしゃいますよね、おいくつですか？旦那さんは？

私、シングルマザーなんです。息子のひろゆきは5歳。

西村さんの家族

枠内：同居

父：61歳
会社員

母：58歳
専業主婦

元夫

西村さん
32歳

子：5歳

そうなんですね、すいません、こんなこと聞いて。

気にしないでください、最近はシングル多くて仲間がいっぱいいるし、気楽で楽しいですよ。

最近は離婚率高いですよね。あと、ご自身含めご家族で障害をお持ちの方はいらっしゃいますか？

いえ、いないですね。

扶養親族がいれば扶養控除が受けられますし、納税者本人や扶養親族の方とかが障害をお持ちだと、障害者控除が受けられるんです。申告内容に関わるので質問させていただきました。

まだ小さくて児童手当もらってるから扶養控除は受けられなくて。

西村さんの場合、お子さんが5歳で扶養親族ではありますが、扶養控除の対象ではないから「扶養控除」はなしで、シングルマザーだから「ひとり親控除」と「基礎控除」ですね。

あーっ！　それ！　「寡婦控除」じゃなくなったとかいうヤツですよね。すっごく気になる！

順を追ってご説明しますのでちょっとお待ちくださいね。

同居していなくても「生計が一」になることがある

小林さんのご家族構成は？

うちは同居は妻だけ。妻は正社員として働いていて、父は亡くなっていて、母はもう65歳だから仕事辞めて今は特に何も。

小林さんの家族

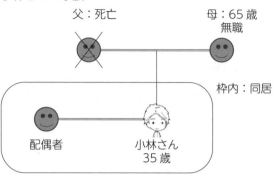

父：死亡　　　　　母：65 歳
　　　　　　　　　　　　無職

枠内：同居

配偶者　　　　　小林さん
　　　　　　　　　35 歳

お母様の収入は？

父の遺族年金ですね。母はパートだったから母自身の年金もほとんどないし。それで僕がちょっと仕送りしてる感じで。

遺族年金は非課税です。お母様は 65 歳だから、お母様自身の年金収入額が 158 万円以下であれば小林さんはお母様を扶養に入れられますね。

同居していなくても扶養控除を受けられる

同居してないのに？

ええ。家族で扶養親族に該当する人がいて、令和 3 年分の申告なら令和 3 年 12 月 31 日現在の年齢が 16 歳以上なら扶養控除を受けられます。

> **扶養親族に該当する人の範囲**
> ①　配偶者以外の親族（6親等内の血族及び3親等内の姻族をいいます。）又は都道府県知事から養育を委託された児童（いわゆる里子）や市町村長から養護を委託された老人であること。
> ②　納税者と生計を一にしていること。
> ③　年間の合計所得金額が48万円以下であること（給与のみの場合は給与収入が103万円以下）。
> ④　青色申告者の事業専従者としてその年を通じて一度も給与の支払を受けていないこと又は白色申告者の事業専従者でないこと。

ここの②の「生計を一にしている」というのは、生活する上でお財布が一緒という意味で、必ずしも同居していることを指していないんです。

 そうなんだ！

父親が一人暮らしをしている大学生の息子に仕送りをしているとか、父親が単身赴任しているとかいう場合、生活費の出所は父親。生活する上でお財布が一緒なので、同居していなくても家族を扶養に入れることができるんですよ。

 仕送り額っていくら以上じゃないといけないとか、決まりはあるの？

いえ、特に決まりはないです。でも、令和5年から、国外居住の30歳から70歳未満の人で仕送りが年間38万円未満の場合、扶養控除の対象から外れることになりました。この決まりは国外向けですが、国内の仕送りであっても目安になるのかなと。

【扶養控除額】

控除額は、扶養親族の年齢、同居の有無等により次の表のとおりです。

区　　分		控除額
一般の控除対象扶養親族（※1）		38万円
特定扶養親族（※2）		63万円
老人扶養親族（※3）	同居老親等以外の者	48万円
	同居老親等（※4）	58万円

※1　「控除対象扶養親族」とは、扶養親族のうち、その年12月31日現在の年齢が16歳以上の人をいいます。

※2　特定扶養親族とは、控除対象扶養親族のうち、その年12月31日現在の年齢が19歳以上23歳未満の人をいいます。

※3　老人扶養親族とは、控除対象扶養親族のうち、その年12月31日現在の年齢が70歳以上の人をいいます。

※4　同居老親等とは、老人扶養親族のうち、納税者又はその配偶者の直系の尊属（父母・祖父母など）で、納税者又はその配偶者と普段同居している人をいいます。

※5　同居老親等の「同居」については、病気の治療のため入院していることにより納税者等と別居している場合は、その期間が結果として1年以上といった長期にわたるような場合であっても、同居に該当するものとして取り扱って差し支えありません。ただし、老人ホーム等へ入所している場合には、その老人ホームが居所となり、同居しているとはいえません。

扶養控除は、扶養控除の対象となる人の年齢や、同居しているかで控除額が変わるので気を付けてくださいね。

還付申告は5年間提出可能

 僕の場合は、母は65歳だから38万円控除が受けられるんだ。去年も受けとけば良かった。

還付申告はその年の翌年1月1日から5年間提出することができますから、令和2年も仕送りしていたのであれば確定申告してみたらいかがですか？

できるんだ！

過去の源泉徴収票を探してみてください。

第2表 「配偶者や親族に関する事項」の記載

小林さんが扶養控除を受ける場合、こちらの表にお母様の氏名、マイナンバー、生年月日を書きます。

○ 配偶者や親族に関する事項 (⑳〜㉓)

氏　名	個 人 番 号	続柄	生 年 月 日	障害者	国外居住	住民税	その他
		配偶者	明・大 昭・平　・　・	障 特障	国外 年調	同一 別居	調整
			明・大 昭・平・令　・　・	障 特障	国外 年調	16 別居	調整
			明・大 昭・平・令　・　・	障 特障	国外 年調	16 別居	調整
			明・大 昭・平・令　・　・	障 特障	国外 年調	16 別居	調整
			明・大 昭・平・令　・　・	障 特障	国外 年調	16 別居	調整
			明・大 昭・平・令　・　・	障 特障	国外 年調	16 別居	調整

 一番上は配偶者って書いてある。

配偶者以外の人は２段目以降に記載します。お母様が障害者であるなら「障」に○、特別障害者なら「特障」に○をします。身体障害者手帳をお持ちで、身体上なら１級又は２級、精神障害なら１級の人が特別障害者になります。

 うちの母親は今のところなんともないので大丈夫。

となりの「国外居住」は海外に扶養親族がいる場合に使用するので無視です。そのとなり、「住民税」欄の⑯ですが、16歳未満の場合〇なので、お母様の場合はなにもつけずですね。

うちのチビの場合はここが〇なのね。

そうなりますね。小林さんはお母様と別居なので別居に〇ですね。

その他の「調整」は?

それは、「所得金額調整控除」のことですが、給与収入が850万円を超えているか、給与収入と年金収入の両方がある人しか関係しません。お二人は記載の必要がないので無視していいですよ。

給料850万円はないな

小林さんは、「住民税・事業税に関する事項」の「上記の配偶者・親族・事業専従者のうち別居の者の氏名・住所」欄にお母様の氏名・住所を記入します。

○ 住民税・事業税に関する事項

住民税	非上場株式の少額配当等	非居住者の特例	配当割額控除額	株式等譲渡所得割額控除額	特定配当等・特定株式等譲渡所得の全部の申告不要	給与、公的年金等以外の所得に係る住民税の徴収方法		都道府県へ（特例
						特別徴収	自分で納付	
	円		円	円				

事業税	非課税所得など	番号	所得金額	損益通算の特例適用前の不動産所得	
			円		
	不動産所得から差し引いた青色申告特別控除額		事業用資産の譲渡損失など		

上記の配偶者・親族・事業専従者のうち別居の者の氏名・住所	氏名		住所		所得税で控除対象配偶者などとした専従者	氏名

142

基礎控除

お二人とも受けられる控除をご説明しましょう。「基礎控除」といって、人が最低限生きていけるように、この金額までは課税しないと設けられている所得控除です。お金は出て行かないけれど控除できます。合計所得金額が大きい人は減っちゃいますけど。

合計所得金額？

事業の売上から経費を引いた事業所得や年収から給与所得控除を引いた給与所得、これらの所得の合計が合計所得金額。今年の利益の合計です。申告書でいうと⑫の金額ですね。

これが、私が今年稼いだ利益（所得）というわけね。

 この合計所得金額が大きいなら、人が最低限生きていくための控除は少なくてもいいでしょ、と徐々に減って、合計所得金額が 2,500 万円を超えるとなくなります。

【基礎控除額】

納税者本人の合計所得金額	控除額
2,400 万円以下	48 万円
2,400 万円超 2,450 万円以下	32 万円
2,450 万円超 2,500 万円以下	16 万円
2,500 万円超	0 円

 1 年間で利益が 2,500 万円もあれば控除いらないかも。

寡婦控除・ひとり親控除

 合計所得金額を知ったならこちらの控除も理解しやすくなっているので説明してしまいましょう。西村さんお待たせしました。「ひとり親控除」です。

 待ってました！

 この制度は寡婦控除・寡夫控除がもとになっていますが、未婚でも控除が受けられるようになったということで注目を集めました。

寡婦って？

寡婦は旦那さんを亡くしたり離婚したりしてその後再婚していない女性です。寡夫はその男性版。

寡婦控除は、最初は太平洋戦争の未亡人救済が目的だったので、配偶者と死別か生死不明の女性か、離婚してシングルマザーになったり、扶養親族がいる女性のみ控除が認められていました。

男性にはなかったんだ。

その後、昭和56年に寡夫控除が創設されましたが、死別か離婚で子どもがいる場合のみ対象となります。

男性は配偶者と死別しただけだと控除は受けられないのか。手厳しいな🐝

そりゃそうよ、一般的に男性は単に死別しただけで稼得能力は下がらないもん。

最近問題になっているのは子どもの貧困です。ひとり親の子どもはどうしても貧困に陥りやすい。ですが、未婚の場合は寡婦、寡夫には該当せず、今まで控除がなかったんです。

なるほど。結婚してなくても子持ち、友達にもいるもんなあ。寡婦控除の対象外だったんだ。

それに対応すべく令和2年から創設されたのが「ひとり親控除」です。子持ちの寡婦控除と寡夫控除はひとり親控除に吸収されました。

ひとり親控除の対象となる人の範囲

ひとり親とは、原則としてその年の12月31日の現況で、婚姻をしていないこと又は配偶者の生死の明らかでない一定の人のうち、次の3つの要件の全てに当てはまる人です。

(1) その人と事実上婚姻関係と同様の事情にあると認められる一定の人がいないこと。

(2) 生計を一にする子がいること。

　　この場合の子は、その年分の総所得金額等が48万円以下で、他の人の同一生計配偶者や扶養親族になっていない人に限られます。

(3) 合計所得金額が500万円以下であること。

ひとり親の要件の(3)に合計所得金額が出てきます。

合計所得金額…今年の利益が500万円を超える人はひとり親控除の対象外ということか。

(1)は、住民票に事実婚のパートナーの記載がなければクリアです。あとは(2)ですが、生計を一にする子がいて、その子の総所得金額等が48万円以下であることが必要です。

総所得金額等?

総所得金額等はざっくりいうと、今年の利益（合計所得金額）から過去3年の繰越赤字を引いたものですが、子どもが事業をしていて過去に赤字があるなんてケースはまれでしょうから合計所得金額＝総所得金額等と考えていいですよ。

146

事業収入		
必要経費	合計所得金額	
	繰越赤字	総所得金額等

繰越赤字がなければ合計所得金額＝総所得金額等

親の所得判定は合計所得金額で、子どもは総所得金額等。
ややこしいなあ。まぁ、チビは所得ないけど。いくら控
除できるの？

35万円です。

【ひとり親控除の金額】

区　　分	控除額
ひとり親控除	35万円

ひとり親控除、寡婦控除の申告書記載箇所は同じです。
ひとり親控除の場合は区分に「1」を記入します。第2
表は「ひとり親」に〇をします。

確定申告書B第1表

寡婦、ひとり親控除	区分	1	⑰～⑱			3 5 0 0 0 0

確定申告書B第2表

〇 本人に関する事項（⑰～⑳）

寡婦		ひとり親	勤労学生	障害者	特別障害者
☐ 死別　☐ 生死不明 ☐ 離婚　☐ 未帰還			☐ 年調以外かつ 専修学校等		

4 税額を計算する

天引きされた分の記載漏れに注意

これで第1表の左側は説明終わりです。次は右側。

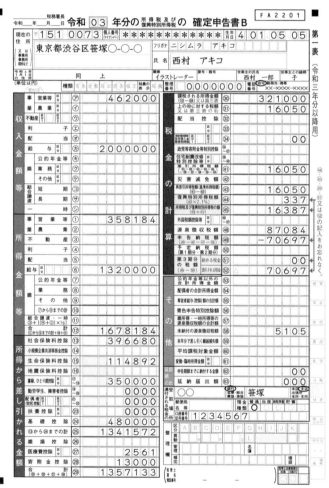

右側の一番上、今年の利益の合計である⑫から所得税の優しさ「所得控除」の合計㉙を差し引いて、課税される所得金額㉚に記入します。

⑫引く㉙は 321,051 円だけど、㉚の金額は 321,000 円？

税率をかける所得は千円未満を切り捨てます。321,000 円× 5 ％= 16,050 円。所得税額は 16,050 円ですね。

【所得税の速算表】

課税される所得金額	税率	控除額
1,000 円から 1,949,000 円まで	5%	0 円
1,950,000 円から 3,299,000 円まで	10%	97,500 円
3,300,000 円から 6,949,000 円まで	20%	427,500 円
6,950,000 円から 8,999,000 円まで	23%	636,000 円
9,000,000 円から 17,999,000 円まで	33%	1,536,000 円
18,000,000 円から 39,999,000 円まで	40%	2,796,000 円
40,000,000 円以上	45%	4,796,000 円

これに復興特別所得税率 2.1% をかけて、㊹復興特別所得税は 337 円。所得税と復興特別所得税を足して㊺ 16,387 円。これが西村さんの年税額です。

年税額って？

令和 3 年、1 年分の税額です。

私は 16,387 円を納めるんだ。

 ちょっと待ってください、西村さんはお給料と事業の売上から天引きされていた源泉徴収税額があるでしょう？ その金額を忘れちゃダメですよ。

○ 所得の内訳（所得税及び復興特別所得税の源泉徴収税額）

所得の種類	種 目	給与などの支払者の「名称」及び「法人番号又は所在地」等	収 入 金 額	源泉徴収税額
事 業 （営業等）	原稿料		円 462,000	円 44,924
給 与	給 与	株式会社○○商事	2,000,000	42,160
			㊽ 源泉徴収税額の合計額	円 87,084

 第2表の左側「所得の内訳」で記入した㊽源泉徴収税額の合計額 87,084 円、これを第1表の右側㊽に転記します。年税額から天引きされていた源泉徴収税額を引くと△ 70,697 円。今回の申告で、70,697 円還付になることになります。

 嬉しい♪　税金が返ってくるんだ！　やったあ！

 天引きされてるっていいなあ。

 前にお話ししたとおり（第5章参照）、西村さんは㊾に数字がありますので「源泉徴収税額の納付証明書」を提出する必要がありますね。

 この届出、出し忘れたらどうなるの？

㊹に数字が入っていると、税務署から未記入の届出書が送られてくるみたいですよ。出すのを忘れてしまう方が多いんでしょうね。㊹に数字を書かない、という確信犯もいますが。

書かない？

支払調書の内書きの部分を㊹に書かないんですよ。そうすると㊸の還付される税金がダイレクトに還付されます。

そっちの方が楽じゃない？

そうなんですけど、正しい方法ではないので

天引きされていた源泉徴収税額を忘れると……

もし、西村さんが僕のところに相談にいらっしゃらなくて、売上から天引きされていたことに気づかなかったら、還付額はもっと少なかったんですよ。

？

天引き後の入金額417,076円を事業収入として計算すると、こうなります。

やだ、還付される金額が4万円以上違う。

税務署長
令和___年___月___日

令和 03 年分の 所得税及び復興特別所得税 の 確定申告書B

第一表（令和三年分以降用）

現在の住所 又は事業所事務所居所など 〒151-0073　東京都渋谷区笹塚○-○-○
個人番号（マイナンバー）＊＊＊＊＊＊＊＊＊＊＊＊
生年月日 4 01.05.05
フリガナ ニシムラ　アキコ
氏名 西村　アキコ
職業 イラストレーター
屋号・雅号
世帯主の氏名 西村　一郎
世帯主との続柄 子
整理番号 0000000
電話番号 自宅・勤務先・携帯 xx-xxxx-xxxx

（単位は円）

収入金額等

事業 営業等	㋐	417076
事業 農業	㋑	
不動産	㋒	
利子	㋓	
配当	㋔	
給与	㋕	2000000
雑 公的年金等	㋖	
雑 業務	㋗	
雑 その他	㋘	
総合譲渡 短期	㋙	
総合譲渡 長期	㋚	
一時	㋛	

所得金額等

事業 営業等	①	313260
事業 農業	②	
不動産	③	
利子	④	
配当	⑤	
給与	⑥	1320000
雑 公的年金等	⑦	
雑 業務	⑧	
雑 その他	⑨	
⑦から⑨までの計	⑩	
総合譲渡・一時 ㋙+{(㋚+㋛)×½}	⑪	
合計 ①から⑥までの計+⑩+⑪	⑫	1633260

所得から差し引かれる金額

社会保険料控除	⑬	396680
小規模企業共済等掛金控除	⑭	
生命保険料控除	⑮	114892
地震保険料控除	⑯	
寡婦、ひとり親控除	⑰～⑱	350000
勤労学生、障害者控除	⑲～⑳	0000
配偶者（特別）控除	㉑～㉒	0000
扶養控除	㉓	0000
基礎控除	㉔	480000
⑬から㉔までの計	㉕	1341572
雑損控除	㉖	
医療費控除	㉗	4807
寄附金控除	㉘	13000
合計 ㉕+㉖+㉗+㉘	㉙	1359379

税金の計算

課税される所得金額 ⑫-㉙ 又は第三表	㉚	273000
上の㉚に対する税額 又は第三表の㊹	㉛	13650
配当控除	㉜	
	㉝	
住宅借入金等特別控除	㉞	00
政党等寄附金等特別控除	㉟～㊲	
住宅耐震改修特別控除等	㊳～㊵	
差引所得税額	㊶	13650
災害減免額	㊷	
再差引所得税額（基準所得税額）（㊶-㊷）	㊸	13650
復興特別所得税額（㊸×2.1%）	㊹	286
所得税及び復興特別所得税の額（㊸+㊹）	㊺	13936
外国税額控除	㊻～㊼	
源泉徴収税額	㊽	42160
申告納税額（㊺-㊻-㊼-㊽）	㊾	-28224
予定納税額（第1期分・第2期分）	㊿	
第3期分の税額 納める税金	51	00
第3期分の税額 還付される税金	52	28224

その他

公的年金等以外の合計所得金額	53	
配偶者の合計所得金額	54	
専従者給与（控除）額の合計額	55	
青色申告特別控除額	56	
雑所得・一時所得等の源泉徴収税額の合計額	57	
未納付の源泉徴収税額	58	
本年分で差し引く繰越損失額	59	
平均課税対象金額	60	
変動・臨時所得金額	61	
申告期限までに納付する金額	62	00
延納届出額	63	000

還付される税金の受取場所
○○ 銀行・金庫・組合・農協・漁協　笹塚　本店・支店・出張所・本所・支所
郵便局名等
預金種類 普通・当座・納税準備・貯蓄
口座番号記号番号 1234567

整理欄 A B C D E F G H I J K
区分 異動 管理 補完

税理士署名押印
電話番号

（44）・（45）・（49）・（51）又は（52）の記入をお忘れなく。

5 第2表を記入する

忘れちゃいけない住民税

6月ごろに住民税の納付書が届きますよ。だいたい37,800円くらいですかね。

所得税の年税額は16,387円でしょ？　住民税って所得税より高いの？

所得税は累進課税で西村さんは5％ですけど、住民税って所得が高かろうが低かろうがみんな一律10%なんです。しかも、所得控除の額が所得税よりも微妙に少なかったりしますし。

所得税の還付の半分持っていかれちゃう（泣）。

住民税の話をしたついでに、第2表の下の欄も記入してしまいましょう。住民税の欄、真ん中あたり「給与、公的年金等以外の所得に係る住民税の徴収方法」とありますが、西村さんは会社を退職してますので「自分で納付」に○をします。

○ 住民税・事業税に関する事項

住民税	非上場株式の少額配当等	非居住者の特例	配当割額控除額	株式等譲渡所得割額控除額	特定配当等・特定株式等譲渡所得の全部の申告不要	給与、公的年金等以外の所得に係る住民税の徴収方法 特別徴収 / 自分で納付	都道府県、市区町村への寄附（特例控除対象）	共同募金、日赤その他の寄附	都道府県条例指定寄附	市区町村条例指定寄附
	円	円	円	円		○	15,000			

事業税	非課税所得など	番号	所得金額	損益通算の特例適用前の不動産所得				前年中の開（廃）業	開始・廃止 月日 9月1日
	不動産所得から差し引いた青色申告特別控除額			事業用資産の譲渡損失など				他都道府県の事務所等	

上記の配偶者・親族・事業専従者のうち別居の者の氏名・住所	氏名	住所		所得税で控除対象配偶者などとした専従者	氏名	給与	一連番号

特別徴収に〇をつけたらどうなるのかな?

会社のお給料から、給与所得以外分の住民税も天引きされることになりますよ。ま、お二人はもうお勤めしてないので関係ないですけど。

儲かってくると事業税もかかってくる

最後、事業税の欄の「前年中の開(廃)業」の開始に〇。

 事業税って?

事業所得や不動産所得の額が290万円超の場合に課税される地方税ですよ。

 税金ってまだあるんだ

フリーランスの方は所得税・住民税・事業税がほぼセットですね。課税売上高が1,000万円の大台に乗った暁には消費税。

 消費税も怖いんだよなあ

消費税はあとでご説明しますね。事業税は所得が290万円以下ならかかりません。この290万円は事業主控除と呼ばれるものですが、年の途中開業だと月割りします。開廃業の月日を書く欄があるでしょ。

西村さんの場合は290万円×4か月／12か月で967,000円が事業主控除の額となります。西村さんの事業所得は358,184円なので、令和3年の事業税はナシですね。

よかった。……でも、この申告書にある「非課税所得など」ってなんですか？

事業税	非 課 税 所 得 な ど	番号		所得金額		円	
	不動産所得から差し引いた青色申告特別控除額						

事業税は非課税の事業もあるんですよ。その場合に記入します。

所得税と違って事業税に青色申告特別控除はないので、65万円などの控除を引く前の所得金額を記入します。

え、65万円控除はないんだ。

青色申告決算書の㊸の数字が290万円超えたら事業税がかかってきますよ。申告書第1表の①で考えたら青色の人は間違うことがあるので注意してくださいね。

事業税は業種によってはかからない

事業税には非課税の業種があって、次の表 1 の②に該当するなら非課税です。

表 1

① 複数の事業を兼業している方で、そのうち次に示す事業より生ずる所得がある場合
　1．畜産業から生ずる所得（農業に付随して行うものを除く。）
　2．水産業から生ずる所得（小規模な水産動植物の採捕の事業を除く。）
　3．薪炭製造業から生ずる所得
　4．あん摩、マッサージ又は指圧、はり、きゅう、柔道整復その他の医業に類する事業から生ずる所得
　　　ただし、両眼の視力を喪失した人又は両眼の視力（矯正視力）が 0.06 以下の人が行う場合は事業税が課されませんので「10」を記入してください。
　5．装蹄師業から生ずる所得

② 次に示す非課税所得がある場合
　6．林業から生ずる所得
　7．鉱物掘採（事）業から生ずる所得
　8．社会保険診療報酬等に係る所得
　9．外国での事業に係る所得（外国に有する事務所等で生じた所得）
　10．地方税法第 72 条の 2 に定める事業に該当しないものから生ずる所得

出典：国税庁「所得税及び復興特別所得税の確定申告の手引き」

 10. って何が該当するんだろう？

表 2 に該当しない事業ですね。

表2

事業税がかかる事業（地方税法第72条の2に定められている事業）

・物品販売業	・仲立業	・装蹄師業
・保険業	・問屋業	・弁護士業
・金銭貸付業	・両替業	・司法書士業
・物品貸付業	・公衆浴場業	・行政書士業
・不動産貸付業	・演劇興行業	・公証人業
・製造業	・遊技場業	・弁理士業
・電気供給業	・遊覧所業	・税理士業
・土石採取業	・商品取引業	・公認会計士業
・電気通信事業	・不動産売買業	・計理士業
・運送業	・広告業	・社会保険労務士業
・運送取扱業	・興信所業	・コンサルタント業
・船舶定係場業	・案内業	・設計監督者業
・倉庫業	・冠婚葬祭業	・不動産鑑定業
・駐車場業	・畜産業	・デザイン業
・請負業	・水産業	・諸芸師匠業
・印刷業	・薪炭製造業	・理容業
・出版業	・医業	・美容業
・写真業	・歯科医業	・クリーニング業
・席貸業	・薬剤師業	・歯科衛生士業
・旅館業	・あん摩、マッサージ又は指圧、はり、きゅう、柔道整復その他の医業に類する事業	・歯科技工士業
・料理店業		・測量士業
・飲食店業		・土地家屋調査士業
・周旋業		・海事代理士業
・代理業	・獣医業	・印刷製版業

出典：国税庁「所得税及び復興特別所得税の確定申告の手引き」

 美容業・理容業はハッキリ書いてあるから課税だ。

 私はイラストレーターだけど、将来漫画も描きたいと思っていて。書いてないからどっちも非課税？

イラストレーターはデザイン業に含みますね。でも、漫画家だと非課税ですよ。スポーツ選手や著述業、芸術家は非課税なんですよ。

じゃあ、早く漫画書いてそっちで食べていけるようになろう！　一発当てて印税生活！

今度読ませてくださいよ。

うん、頑張る！

たいてい事業税は５％ですけど、表１の①の１から５にある事業は税率が違います。その場合は「非課税所得など」の欄に該当する番号を書いて、その所得を記入します。

友人で鍼灸師がいるけど、彼は「非課税所得等」の番号に４と書いて所得金額を書いているのか。

そうですね、税率は３％となります。

還付の場合、第1表の下に預金口座を記入する

以上で西村さんの確定申告書は出来上がりですよ。これを提出すればOK。電子申告なら２週間くらい後に還付金額が第１表の右下に記入した銀行口座に入金されます。これ、ご本人名義じゃないとダメだし、旧姓もダメなので気を付けてくださいね。

受取られる税金の場所	○○	銀行 金庫・組合 農協・漁協	笹塚			本店・支店 出張所 本所・支所		
	郵便局 名　等		預　金 種　類	普通 ○	当座	納税準備	貯蓄	
	口座番号 記号番号	1 2 3 4 5 6 7						

赤字の場合の申告書

赤字だと枚数が増える

赤字の場合の確定申告書もザッと見ておきましょうか。

【前提】

平成 30 年……赤字△ 500 万円

令和元年……黒字 300 万円

　　　　　(翌年へ繰り越す赤字△ 500 万円＋300 万円＝△ 200 万円)

令和 2 年……黒字 300 万円

平成 30 年……赤字△ 500 万円

平成 **30** 年分の 所得税及び 復興特別所得税 の 確定 申告書B　渋谷 税務署長

FA0124

第一表（平成三十年分以降用）

住所 〒151-0073　東京都渋谷区笹塚△－△－△

又は事業所事務所居所など

平成31年1月1日の住所　同上

個人番号 ＊＊＊＊＊＊＊＊＊＊＊＊

フリガナ ススキ イチロウ
氏名 鈴木 一郎
性別 男・女
生年月日 4 01 07 07
電話番号 自宅・勤務先・携帯

整理番号 0 0 0 0 0 0 0

（単位は円）

収入金額等				金額
事業	営業等	㋐		3 0 0 0 0 0 0
	農業	㋑		
不動産		㋒		
利子		㋓		
配当		㋔		
給与		㋕		
雑	公的年金等	㋖		
	その他	㋗		
総合譲渡	短期	㋘		
	長期	㋙		
一時		㋚		

所得金額				
事業	営業等	①		－ 5 0 0 0 0 0 0
	農業	②		
不動産		③		
利子		④		
配当		⑤		
給与		⑥		
雑		⑦		
総合譲渡・一時 ㋗＋｛(㋘＋㋙)×½｝		⑧		
合計		⑨		

所得から差し引かれる金額				
雑損控除		⑩		
医療費控除		⑪		
社会保険料控除		⑫		
小規模企業共済等掛金控除		⑬		
生命保険料控除		⑭		
地震保険料控除		⑮		
寄附金控除		⑯		
寡婦、寡夫控除		⑱		0 0 0 0
勤労学生、障害者控除		⑲⑳		0 0 0 0
配偶者(特別)控除		㉑㉒		0 0 0 0
扶養控除		㉓		0 0 0 0
基礎控除		㉔		3 8 0 0 0 0
合計		㉕		3 8 0 0 0 0

税理士署名押印
電話番号

税理士法第30条の書面提出有
税理士法第33条の2の書面提出有

税金の計算				
課される所得金額 (⑨－㉕)又は第三表		㉖		0 0 0
上の㉖に対する税額 又は第三表		㉗		0
配当控除		㉘		
	区分	㉙		
(特定増改築等)住宅借入金等特別控除	区分	㉚		0 0
政党等寄附金等特別控除		㉛～㉝		
住宅耐震改修特別控除 住宅特定改修・認定住宅新築等特別税額控除	区分	㉞～㊲		
差引所得税額 (㉗－㉘－㉙－㉚－㉛－㉝－㊲)		㊳		0
災害減免額		㊴		
再差引所得税額(基準所得税額) (㊳－㊴)		㊵		0
復興特別所得税額 (㊵×2.1%)		㊶		0
所得税及び復興特別所得税の額 (㊵＋㊶)		㊷		0
外国税額控除	区分	㊸		
所得税及び復興特別所得税の源泉徴収税額		㊹		
申告納税額		㊺		
所得税及び復興特別所得税の予定納税額(第1期分・第2期分)		㊻		
所得税及び復興特別所得税の第3期分の税額(㊺－㊻)	納める税金	㊼		0 0
	還付される税金	㊽	△	

その他				
配偶者の合計所得金額		㊾		
専従者給与(控除)額の合計額		㊿		
青色申告特別控除額		51		
雑所得・一時所得等の所得税及び復興特別所得税の源泉徴収税額の合計額		52		
未納付の所得税及び復興特別所得税の源泉徴収税額		53		
本年分で差し引く繰越損失額		54		
平均課税対象金額		55		
変動・臨時所得金額	区分	56		
申告期限までに納付する金額		57		0 0
延納届出額		58		0 0

還付される税金の受取場所

銀行・金庫・組合・農協・漁協　本店・支店・出張所・本所・支所

郵便局名等

預金種類 普通・当座・納税準備・貯蓄

口座番号記号番号

整理欄 区分 A B C D E F G H I J K

異動
管理
補完
名簿
確認

160

平成 ③ ⓪ 年分の 所得税及び復興特別所得税 の 確定 申告書（損失申告用）　F A 0 0 5 4

第四表 (一) （平成二十八年分以降用）

住所 又は事業所事務所居所など	東京都渋谷区笹塚△－△－△	フリガナ	スズ゛キ イチロウ
		氏名	鈴木　一郎

整理番号 0 0 0 0 0 0 0　一連番号

1 損失額又は所得金額

A	経 常 所 得 （申告書B第一表の①から⑦までの合計額）							⑤⑨	△5,000,000

所得の種類		区分等	所得の生ずる場所	Ⓐ 収入金額	Ⓑ 必要経費等	Ⓒ 差引金額 (Ⓐ－Ⓑ)	Ⓓ 特別控除額		損失額又は所得金額
B 譲渡	短期	分離譲渡		円	円	㋡ 円		⑥⓪	
		総合譲渡				㋜		⑥①	円
	長期	分離譲渡			円	㋛		⑥②	円
		総合譲渡				㋩		⑥③	円
	一 時							⑥④	
C	山 林			円				⑥⑤	
D	退 職				円	円		⑥⑥	
E	一般株式等の譲渡							⑥⑦	
	上場株式等の譲渡							⑥⑧	
	上場株式等の配当等					円	円	⑥⑨	
F	先物取引							⑦⓪	
						特例適用条文			

2 損益の通算

所 得 の 種 類			Ⓐ 通 算 前	Ⓑ 第 1 次通算後	Ⓒ 第 2 次通算後	Ⓓ 第 3 次通算後	Ⓔ 損失額又は所得金額
A	経 常 所 得	⑤⑨	△5,000,000 円	△5,000,000 円	△5,000,000 円	△5,000,000 円	△5,000,000 円
B 譲渡	短期 総合譲渡	⑥①		第1次通算	第2次通算	第3次通算	
	長期 分離譲渡（特定損失額）	⑥②	△				
	期 総合譲渡	⑥③					
	一 時	⑥④					
C	山 林	------→ ⑥⑤					㋫
D	退 職	------→ ⑥⑥					
	損 失 額 又 は 所 得 金 額 の 合 計 額					⑦①	△5,000,000

資産　　整理欄

平成 30 年分の 所得税及び 復興特別所得税 の 確定 申告書（損失申告用）　FA0059

3 翌年以後に繰り越す損失額

整理番号 0000000　一連番号

第四表（二）（平成二十八年分以降用）

○第四表は、申告書Bの第一表・第二表と一緒に提出してください。

青 色 申 告 者 の 損 失 の 金 額						⑦	△5,000,000 円
居住用財産に係る通算後譲渡損失の金額						⑦	
変 動 所 得 の 損 失 額						⑦	

被災事業用資産の損失額	所得の種類	被災事業用資産の種類など	損害の原因	損害年月日	Ⓐ 損害金額	Ⓑ 保険金などで補填される金額	Ⓒ 差引損失額（Ⓐ−Ⓑ）
資産の損失額 山林以外	営業等・農業				円	円	⑦
	不 動 産						⑦
山 林							⑦
山 林 所 得 に 係 る 被 災 事 業 用 資 産 の 損 失 額						⑦	円
山 林 以 外 の 所 得 に 係 る 被 災 事 業 用 資 産 の 損 失 額						⑦	

4 繰越損失を差し引く計算

年分		損失の種類		Ⓐ前年分までに引ききれなかった損失額	Ⓑ本年分で差し引く損失額	Ⓒ翌年分以後に繰り越して差し引かれる損失額（Ⓐ−Ⓑ）
A 27 年前（3年前）	純損失	27年が青色の場合	山林以外の所得の損失	円	円	
			山 林 所 得 の 損 失			
		27年が白色の場合	変 動 所 得 の 損 失			
			被災事業用 山林以外			
			資産の損失 山 林			
		居住用財産に係る通算後譲渡損失の金額				
	雑	損 失				
B 28 年前（2年前）	純損失	28年が青色の場合	山林以外の所得の損失			円
			山 林 所 得 の 損 失			
		28年が白色の場合	変 動 所 得 の 損 失			
			被災事業用 山林以外			
			資産の損失 山 林			
		居住用財産に係る通算後譲渡損失の金額				
	雑	損 失				
C 29 年前（前年）	純損失	29年が青色の場合	山林以外の所得の損失			
			山 林 所 得 の 損 失			
		29年が白色の場合	変 動 所 得 の 損 失			
			被災事業用 山林以外			
			資産の損失 山 林			
		居住用財産に係る通算後譲渡損失の金額				
	雑	損 失				

本年分の一般株式等及び上場株式等に係る譲渡所得等から差し引く損失額	⑧	円
本年分の上場株式等に係る配当所得等から差し引く損失額	⑧	円
本年分の先物取引に係る雑所得等から差し引く損失額	⑧	円

雑損控除、医療費控除及び寄附金控除の計算で使用する所得金額の合計額	⑧	0 円
5 翌年以後に繰り越される本年分の雑損失の金額	⑧	円
6 翌年以後に繰り越される株式等に係る譲渡損失の金額	⑧	円
7 翌年以後に繰り越される先物取引に係る損失の金額	⑧	円

資産	整理欄

赤字が出ると第4表も必要になります。第4表で損益通算して、翌年以後に繰り越す損失の額を計算します。

162

令和元年……黒字 300 万円

(翌年へ繰り越す赤字△ 500 万円＋300 万円＝△ 200 万円)

FA0125

渋谷 税務署長　令和＿年＿月＿日

令和 01 年分の所得税及び復興特別所得税の確定申告書B

第一表（令和元年分以降用）

住所（又は事業所 事務所 居所など）	〒151-0073 東京都渋谷区笹塚△－△－△
令和2年1月1日の住所	同上
個人番号	＊＊＊＊＊＊＊＊＊＊＊＊
フリガナ	ススﾞキ イチロウ
氏名	鈴木　一郎
性別	男・女
職業	
屋号・雅号	
世帯主の氏名	
世帯主との続柄	
生年月日	4 01 07 07
電話番号	自宅・勤務先・携帯　－　－
種類	分離 国出 損失 修正
特農の表示	特農
整理番号	0000000

受付印　（単位は円）

区分	項目	番号	金額
収入金額等	事業 営業等	㋐	6000000
	事業 農業	㋑	
	不動産	㋒	
	利子	㋓	
	配当	㋔	
	給与	㋕	
	雑 公的年金等	㋖	
	雑 その他	㋗	
	総合譲渡 短期	㋘	
	総合譲渡 長期	㋙	
	一時	㋚	
所得金額	事業 営業等	①	3000000
	事業 農業	②	
	不動産	③	
	利子	④	
	配当	⑤	
	給与 区分	⑥	
	雑	⑦	
	総合譲渡・一時 ㋘＋{(㋙＋㋚)×1/2}	⑧	
	合計	⑨	
所得から差し引かれる金額	社会保険料控除	⑩	
	小規模企業共済等掛金控除	⑪	
	生命保険料控除	⑫	
	地震保険料控除	⑬	
	寡婦、寡夫控除	⑭	0000
	勤労学生、障害者控除	⑮～⑯	0000
	配偶者(特別)控除 区分	⑰～⑱	0000
	扶養控除	⑲	0000
	基礎控除	⑳	380000
	⑩から⑳までの計	㉑	380000
	雑損控除	㉒	
	医療費控除 区分	㉓	
	寄附金控除	㉔	
	合計 (㉑＋㉒＋㉓＋㉔)	㉕	380000

区分	項目	番号	金額
税金の計算	課税される所得金額 (⑨－㉕)又は第三表	㉖	000
	上の㉖に対する税額 又は第三表の㊻	㉗	0
	配当控除	㉘	
	区分	㉙	
	(特定増改築等)住宅借入金等特別控除 区分	㉚	00
	政党等寄附金等特別控除	㉛～㉝	
	住宅耐震改修特別控除 住宅特定改修・認定住宅新築等特別税額控除 区分	㉟～㊲	
	差引所得税額 (㉗－㉘－㉙－㉚－㉛－㉜－㉝－㉟－㊱－㊲)	㊳	0
	災害減免額	㊴	
	再差引所得税額（基準所得税額）(㊳－㊴)	㊵	0
	復興特別所得税額 (㊵×2.1%)	㊶	0
	所得税及び復興特別所得税の額 (㊵＋㊶)	㊷	0
	外国税額控除 区分	㊸	
	源泉徴収税額	㊹	
	申告納税額 (㊷－㊸－㊹)	㊺	0
	予定納税額（第1期分・第2期分）	㊻	
	第3期分の税額 (㊺－㊻) 納める税金	㊼	00
	第3期分の税額 (㊺－㊻) 還付される税金	㊽	△
その他	配偶者の合計所得金額	㊾	
	専従者給与(控除)額の合計額	㊿	
	青色申告特別控除額	(51)	
	雑所得・一時所得等の源泉徴収税額の合計額	(52)	
	未納付の源泉徴収税額	(53)	
	本年分で差し引く繰越損失額	(54)	
	平均課税対象金額	(55)	
	変動・臨時所得金額 区分	(56)	
延届納の出	申告期限までに納付する金額	(57)	00
	延納届出額	(58)	000

復興特別所得税額の記入をお忘れなく。

還付される税金の受取場所	銀行 金庫・組合 農協・漁協　本店・支店 出張所 本所・支所
郵便局名等	預金種類 普通 当座 納税準備 貯蓄
口座番号 記号番号	

整理欄	
区分	A B C D E F G H I J K
異動	年 月 日 L
管理	名簿
補完	確認

税理士署名押印電話番号　－　－　㊞　税理士法書面提出 30条 33条の2 ○

令和 [0 1] 年分の 所得税及び 復興特別所得税 の 確定 申告書（損失申告用） ［F A 0 0 5 4］

住 所 （又は事業所 事務所居所など）	東京都渋谷区笹塚△－△－△	フリガナ	スズキ イチロウ
		氏 名	鈴木 一郎

整理番号 ［0 0 0 0 0 0 0］ 一連番号

1 損失額又は所得金額

A	経 常 所 得 （申告書B第一表の①から⑦までの合計額）							⑤⑨	3,000,000

所得の種類			区分等	所得の生ずる場所	Ⓐ 収入金額	Ⓑ 必要経費等	Ⓒ 差引金額 (Ⓐ－Ⓑ)	Ⓓ 特別控除額	Ⓔ 損失額又は所得金額
B	譲渡	短期	分離譲渡		円	円	㋡		㊿ 円
			総合譲渡				㋾	円	㊲
		長期	分離譲渡		円	円	㋫		㊳
			総合譲渡				㋵	円	㊴
	一 時								㊵
C	山 林				円				㊶
D	退 職					円	円		㊷
E	一般株式等の譲渡								㊸
	上場株式等の譲渡								㊹
	上場株式等の配当等					円			㊺
F	先物取引								㊻

特例適用条文

2 損益の通算

所 得 の 種 類				Ⓐ 通 算 前	Ⓑ 第1次通算後	Ⓒ 第2次通算後	Ⓓ 第3次通算後	Ⓔ 損失額又は所得金額
A	経 常 所 得		⑤⑨	3,000,000	第 3,000,000	第 3,000,000	第 3,000,000	3,000,000 円
B	譲渡	短期	総合譲渡 ㊲		1	2	3	
		長期	分離譲渡 (特定損失額) ㊳	△	次	次	次	
			総合譲渡 ㊴		通	通	通	
	一 時 ㊵				算	算	算	
C	山 林		--------→ ㊶					㋐
D	退 職		------------------→ ㊷					
損 失 額 又 は 所 得 金 額 の 合 計 額							㊼	3,000,000

資産 ▢ 整理欄 ▢

令和 [01] 年分の 所得税及びの 確定 **申告書**（損失申告用） [FA0059]

整理番号 [0000000] 一連番号 [　　]

3 翌年以後に繰り越す損失額

			円
青 色 申 告 者 の 損 失 の 金 額	⑫		
居住用財産に係る通算後譲渡損失の金額	⑬		
変 動 所 得 の 損 失 額	⑭		

被災事業用資産の損失額	所 得 の 種 類		被災事業用資産の所得など	損害の原因	損害年月日	Ⓐ 損 害 金 額	Ⓑ 保険金などで補填される金額		Ⓒ 差 引 損 失 額 （Ⓐ−Ⓑ）
	山林以外	営業等・農業			・ ・	円		⑮	円
		不 動 産			・ ・			⑯	
	山　林				・ ・			⑰	
山 林 所 得 に 係 る 被 災 事 業 用 資 産 の 損 失 額								⑱	円
山 林 以 外 の 所 得 に 係 る 被 災 事 業 用 資 産 の 損 失 額								⑲	

4 繰越損失を差し引く計算

年分	損 失 の 種 類				Ⓐ前年分までに引ききれなかった損失額	Ⓑ本年分で差し引く損失額	Ⓒ翌年分以後に繰り越して差し引かれる損失額（Ⓐ−Ⓑ）
A 28 年 前 (3年前)	純損失	28年が青色の場合	山林以外の所得の損失		円	円	
			山 林 所 得 の 損 失				
		28年が白色の場合	変 動 所 得 の 損 失				
			被災事業用資産の損失	山林以外			
				山 林			
		居住用財産に係る通算後譲渡損失の金額					
	雑　　損　　失						円
B 29 年 (2年前)	純損失	29年が青色の場合	山林以外の所得の損失				
			山 林 所 得 の 損 失				
		29年が白色の場合	変 動 所 得 の 損 失				
			被災事業用資産の損失	山林以外			
				山 林			
		居住用財産に係る通算後譲渡損失の金額					
	雑　　損　　失						
C 30 年 (前年)	純損失	30年が青色の場合	山林以外の所得の損失		5,000,000	3,000,000	2,000,000
			山 林 所 得 の 損 失				
		30年が白色の場合	変 動 所 得 の 損 失				
			被災事業用資産の損失	山林以外			
				山 林			
		居住用財産に係る通算後譲渡損失の金額					
	雑　　損　　失						

			円
本年分の一般株式等及び上場株式等に係る譲渡所得等から差し引く損失額	⑳		
本年分の上場株式等に係る配当所得等から差し引く損失額	㉑		
本年分の先物取引に係る雑所得等から差し引く損失額	㉒		

雑損控除、医療費控除及び寄附金控除の計算で使用する所得金額の合計額	㉓	0 円

			円
5 翌年以後に繰り越される本年分の雑損失の金額	㉔		
6 翌年以後に繰り越される株式等に係る譲渡損失の金額	㉕		
7 翌年以後に繰り越される先物取引に係る損失の金額	㉖		

資産		整理欄	

令和2年……黒字300万円、赤字解消

令和02年分の所得税及び復興特別所得税の確定申告書B　FA2200

渋谷 税務署長
令和＿＿年＿＿月＿＿日

第一表（令和二年分以降用）

| 住所 〒151-0073 | 個人番号 ＊＊＊＊＊＊＊＊＊＊＊＊ | 生年月日 4 01.07.07 |
| 又は事業所事務所居所など | 東京都渋谷区笹塚△-△-△ | |

フリガナ　スズ キ イチ ロウ
氏名　鈴木　一郎

令和3年1月1日の住所　同　上
（単位は円）

種類　○分離　国出　損失　修正　特農の表示　特農　整理番号 0000000　電話番号 自宅・勤務先・携帯

収入金額等

事業	営業等	⑦	5000000
	農業	④	
不動産		⑰	
利子		⑭	
配当		⑯	
給与 区分		⑰	
雑	公的年金等	⊕	
	業務 区分	⑰	
	その他	⑰	
総合譲渡	短期	⊐	
	長期	⑯	
一時		⑰	

所得金額等

事業	営業等	①	3000000
	農業	②	
不動産		③	
利子		④	
配当		⑤	
給与 区分		⑥	
雑	公的年金等	⑦	
	業務	⑧	
	その他	⑨	
⑦から⑨までの計		⑩	
総合譲渡・一時 ⊐+｛(⑯+⑰)×½｝		⑪	
合計 ①から⑥までの計+⑩+⑪		⑫	1000000

所得から差し引かれる金額

社会保険料控除	⑬	
小規模企業共済等掛金控除	⑭	
生命保険料控除	⑮	
地震保険料控除	⑯	
寡婦、ひとり親控除 区分	⑰~⑱	0000
勤労学生、障害者控除	⑲~⑳	0000
配偶者（特別）控除 区分	㉑~㉒	0000
扶養控除 区分	㉓	0000
基礎控除	㉔	480000
⑬から㉔までの計	㉕	480000
雑損控除	㉖	
医療費控除 区分	㉗	
寄附金控除	㉘	
合計 (㉕+㉖+㉗+㉘)	㉙	480000

税金の計算

課税される所得金額 (⑫-㉙) 又は第三表	㉚	520000
上の㉚に対する税額 又は第三表の⑨	㉛	26000
配当控除	㉜	
区分	㉝	
（特定増改築等）住宅借入金等特別控除 区分	㉞	00
政党等寄附金等特別控除	㉟~㊲	
住宅耐震改修特別控除等 区分	㊳~㊵	
差引所得税額 (㉛-㉜-㉝-㉞-㉟-㊱-㊲-㊳-㊴-㊵)	㊶	26000
災害減免額	㊷	
再差引所得税額（基準所得税額）(㊶-㊷)	㊸	26000
復興特別所得税額 (㊸×2.1%)	㊹	546
所得税及び復興特別所得税の額 (㊸+㊹)	㊺	26546
外国税額控除等 区分	㊻~㊼	
源泉徴収税額	㊽	
申告納税額 (㊺-㊻-㊼-㊽)	㊾	26500
予定納税額（第1期分・第2期分）	㊿	
第3期分の税額 (㊾-㊿) 納める税金	51	26500
還付される税金	52	

その他

公的年金等以外の合計所得金額	53	
配偶者の合計所得金額	54	
専従者給与（控除）額の合計額	55	
青色申告特別控除額	56	
雑所得・一時所得等の源泉徴収税額の合計額	57	
未納付の源泉徴収税額	58	
本年分で差し引く繰越損失額	59	2000000
平均課税対象金額	60	
変動・臨時所得金額 区分	61	

延納の届出

申告期限までに納付する金額	62	00
延納届出額	63	000

還付される税金の受取場所　銀行・金庫・組合・農協・漁協　本店・支店　出張所　本所・支所
郵便局名等　預金種類 普通 当座 納税準備 貯蓄　口座番号

区分	A	B	C	D	E	F	G	H	I	J	K
異動											

整理欄　管理 L　名簿　補完　確認

税理士署名押印　電話番号 ＿＿ー＿＿ー＿＿

44・45・49・51又は52の記入をお忘れなく。

令和 2 年分で所得が 300 万円出て赤字が解消すると、第 4 表はいらなくなります。

⑫の額って今年の利益の合計でしょ。300 万円じゃないとおかしくない？

(59)に 200 万円と記入がありますよね、これが去年消えずに残っていた赤字で、今年の利益 300 万円からこの 200 万円を引いた 100 万円が⑫になっています。繰越赤字が解消する年の⑫は繰越赤字(59)を引いたあとの金額になります。

⑫のところ、①から⑥までの計＋⑩＋⑪って書いてあるけど？

申告書は税金の計算をしたいので、**繰り越す赤字がなくなる年は、⑫には繰越赤字を引いた総所得金額等を記入**したいんです。繰越赤字がないなら第 4 表は書きたくないんですよ。

事業収入		
必要経費	合計所得金額	
	繰越赤字	総所得金額等

⑫から所得控除の合計㉙を引いて㉚の課税される所得金額を計算したいので、繰越赤字がなくなる年は今年の利益と⑫のズレの原因である繰越赤字を(59)に書いてね、となっています。

納税額が0円なのに扶養に入れないのはなぜ？

合計所得金額が 48 万円超だと扶養に入ることができません(令和元年分以前は38万円超)。先ほどの例でいくと、令和元年は繰越赤字が△ 500 万円で納税は 0 円ですが、令和元年単独は黒字 300 万円で扶養には入れないです。

繰越赤字が 500 万円で納税は 0 円だけど令和元年単独だと 300 万円の黒字、つまり合計所得金額は 300 万円。38 万円（令和元年のため）<300 万円だから扶養に入れない、ということか。

そうです。扶養に入れるかどうかの判定は納税額じゃできないんですよ。

繰越赤字があって納税額が 0 円でも今年儲かってたらダメなのね。

(59)に数字があるなら⑫に加算して合計所得金額が 48 万円超かどうかを見なきゃいけないのか。

所得控除が多すぎて納税額が0円でも扶養に入れない

納税額が 0 円なのに扶養に入れないケースとしては、所得控除が多すぎて納税額がないというのもありますね。

？

今年の黒字が 300 万円であったとしても、所得控除が 300 万円を超えてしまって、税率をかける所得は 0 円となってしまい納税額は 0 円、というパターンです。この場合、合計所得金額は 300 万円ですから誰かの扶養に入ることはできません。

そんなに所得控除がたくさんある人っている？

未納の社会保険料をまとめて納めた場合、納めた年の控除になるので額が大きくなることはありますよ。

配偶者控除

配偶者控除についても説明しておきましょう。納税者自身の所得が 1,000 万円以下、配偶者の合計所得金額が 48 万円以下、配偶者は納税者と生計が一で、誰かの専従者ではない場合、納税者は配偶者控除が受けられます。

控除対象配偶者となる人の範囲

控除対象配偶者とは、その年の 12 月 31 日の現況で、次の 4 つの要件のすべてに当てはまる人です。
① 民法の規定による配偶者であること（内縁関係の人は該当しません。）。
② 納税者と生計を一にしていること。
③ 年間の合計所得金額が 48 万円以下（令和元年分以前は 38 万円以下）であること（給与のみの場合は給与収入が 103 万円以下）。
④ 青色申告者の事業専従者としてその年を通じて一度も給与の支払を受けていないこと又は白色申告者の事業専従者でないこと。

【配偶者控除額】

控除を受ける納税者本人の合計所得金額	控除額	
	一般の控除対象配偶者	老人控除対象配偶者（※）
900 万円以下	38 万円	48 万円
900 万円超 950 万円以下	26 万円	32 万円
950 万円超 1,000 万円以下	13 万円	16 万円

（注）　老人控除対象配偶者とは、控除対象配偶者のうち、その年 12 月 31 日現在の年齢が 70 歳以上の人をいいます。

なお、配偶者が障害者の場合には、配偶者控除の他に障害者控除 27 万円（特別障害者の場合は 40 万円、同居特別障害者の場合は 75 万円）が控除できます。

「控除対象配偶者」って何？

合計所得金額が 1,000 万円以下の納税者と生計が一である配偶者のことですね。

合計所得金額が 1,000 万円以下の夫と生計が一である妻？

逆のこともあるでしょうけど。

税金の言葉ってわかりにくくて。

すいませんね　一般的には夫の「扶養に入る」、父の「扶養に入る」などと表現しますが、税金の世界では配偶者は「配偶者控除」、それ以外の者は「扶養控除」といって別の規定です。

わざわざ別にしているんだ。

昔は配偶者を扶養親族の一人としてとらえて7万円の扶養控除の対象としていましたが、妻は家事や子女の養育等、家庭の中心となって夫を援助しており、その意味では夫の稼得に大きく貢献しているのだから扶養とはなんたることという風潮もあり、他にも理由はありますが1961年度（昭和36年度）の税制改正で9万円を控除する配偶者控除が創設されたんですよ。

名前を変えただけのような気がするけど。税金の世界では女性が家庭のことをやる前提なワケ？

うちの奥さんはフルタイムで働いているし僕も家のことをやらないと回らない。というか、僕の方がやってるかも……。

配偶者特別控除

この後、バブル期の1987年、配偶者控除を受けんがためのパート女性の就業調整が問題となって、もう少し多く働いても税制で不利にならないように配偶者特別控除が創設されます。

もう少し多く働いても？

配偶者控除は配偶者の合計所得金額が38万円（現行48万円）を超えたらアウト。パートだったら年収103万円。年末の忙しいときに、パートさんがこれ以上働いたら配偶者控除から外れちゃうと仕事をお休みしちゃうんですよ。

雇ってる側はそれだと大変だ。

なので、それ以上働いても控除が受けられるとしたんですよ。これなら就業調整しなくて済むでしょというわけです。といっても、本当の理由は1989年の消費税導入をしやすくするためだったようですが。

配偶者特別控除の創設がどうして消費税導入をしやすくするんだろう？

消費税を導入するけれど、配偶者特別控除ができるから減税でしょ？って。アメ政策ですね。配偶者特別控除は少々複雑で、納税者自身とその配偶者の合計所得金額が必要です。

【配偶者特別控除の控除額】

		控除を受ける納税者本人の合計所得金額		
		900万円以下	900万円超 950万円以下	950万円超 1,000万円以下
配偶者の合計所得金額	48万円超 95万円以下	38万円	26万円	13万円
	95万円超 100万円以下	36万円	24万円	12万円
	100万円超 105万円以下	31万円	21万円	11万円
	105万円超 110万円以下	26万円	18万円	9万円
	110万円超 115万円以下	21万円	14万円	7万円
	115万円超 120万円以下	16万円	11万円	6万円
	120万円超 125万円以下	11万円	8万円	4万円
	125万円超 130万円以下	6万円	4万円	2万円
	130万円超 133万円以下	3万円	2万円	1万円

この表、見方がわからない。

 横列の上の部分で、納税者の合計所得金額の欄を見つけます。

 合計所得金額900万円は給与収入に直すと1,095万円です。たいていの方はこれにおさまると思うので、その場合、左の900万円以下の欄を見ます。次に縦列で配偶者の合計所得金額の欄を見つけます。

 配偶者の欄で合計所得金額95万円以下とありますが、年収に直すと150万円です。配偶者の年収が150万円までなら配偶者特別控除が38万円受けられて、配偶者控除と実質は変わらないわけです。

 150万円÷12か月＝12万5,000円。奥さんは月に12万5,000円までなら働ける、ってことね。

 といっても、実際にはパートさんは税金よりも社会保険の扶養から外れる方が負担が大きいんですよね。社会保険は給料の15％近くも取られますから。大きい会社だと年収106万円以上、中小だと年収130万円を超えないことを意識している人が多いと思いますよ。

配偶者控除と配偶者特別控除の申告書の記入場所は同じ。区分１を記入することで配偶者特別控除と認識されます。区分２は配偶者が国外居住の場合のみ記入します。

所得から差し引かれる金額	社会保険料控除	⑬	
	小規模企業共済等掛金控除	⑭	
	生命保険料控除	⑮	
	地震保険料控除	⑯	
	寡婦、ひとり親控除 区分	⑰～⑱	０ ０ ０ ０
	勤労学生、障害者控除	⑲～⑳	０ ０ ０ ０
	配偶者 区分1 区分2 (特別)控除	㉑ ㉒	０ ０ ０ ０
	扶養控除 区分	㉓	０ ０ ０ ０
	基礎控除	㉔	０ ０ ０ ０
	⑬から㉔までの計	㉕	
	雑損控除	㉖	
	医療費控除 区分	㉗	
	寄附金控除	㉘	
	合計 (㉕+㉖+㉗+㉘)	㉙	

【配偶者控除の場合】

「区分１」

　記入しない。

「区分２」

　配偶者が国外居住親族で、かつ、年末調整でこの控除の適用を受けていない場合は「1」、この控除の適用を受けている場合は「2」を記入。

【配偶者特別控除の場合】

「区分１」に「1」と記入。

「区分２」

　配偶者が国外居住親族で、かつ、年末調整でこの控除の適用を受けていない場合は「1」、この控除の適用を受けている場合は「2」を記入。

　第１表㊴に配偶者の合計所得金額を記入。

配偶者の合計所得金額	㊴	

納税者自身の合計所得金額が1,000万円超の場合、注意が必要

納税者自身の合計所得金額が 1,000 万円超だと配偶者控除・配偶者特別控除は受けられません。

 あれ？　前に、父が言っていたのはこれかな？　母が扶養なのに税金が高くなったとか……。

ここは平成 30 年から変わったところですよ。

 きっとそうだ！　言っていたのは令和になるかならないかあたりだったから。

 合計所得金額が 1,000 万円って、今年の利益が 1,000 万円ってことですよね？　西村さんのお父さん凄いな😊

 そういえばお父さん、役員になったとか言ってたような。そんなに稼いでたんだ😊

家族内で扶養の付替え

それなら、お母様を西村さんの扶養に入れてはいかがでしょう？

 母を私の扶養にできるの？

ええ。生計が一ですし、お母様はどなたかの専従者とかではなく専業主婦でらっしゃるんですよね。扶養控除に納税者自身の所得上限はありません。もし、西村さんの合計所得金額が 1,000 万円を超えたとしても、扶養控除を受けられますよ。

税務署長
令和＿＿年＿＿月＿＿日

令和 03 年分の 所得税及びの 復興特別所得税 の 確定申告書B

FA2201

第一表（令和三年分以降用）

現在の住所 又は事業所事務所居所など	〒 151 0073 個人番号（マイナンバー） ＊＊＊＊＊＊＊＊＊＊＊＊ 生年月日 4 01 05 05
	東京都渋谷区笹塚○-○-○ フリガナ ニシムラ アキコ
	氏名 西村 アキコ
令和4年1月1日の住所	同 上 職業 イラストレーター 屋号・雅号 世帯主の氏名 西村 一郎 世帯主との続柄 子

（単位は円） 種類 青色 分離 国出 損失 修正 特農の表示 特農 整理番号 0000000 番号 自宅・勤務先・携帯 電話 xx-xxxx-xxxx

収入金額等	事業	営業等	㋐	462000
		農業	㋑	
	不動産		㋒	
	利子		㋓	
	配当		㋔	
	給与		㋕	2000000
	雑	公的年金等	㋖	
		業務	㋗	
		その他	㋘	
	総合譲渡	短期	㋙	
		長期	㋚	
	一時		㋛	

所得金額等	事業	営業等	①	358184
		農業	②	
	不動産		③	
	利子		④	
	配当		⑤	
	給与		⑥	1320000
	雑	公的年金等	⑦	
		業務	⑧	
		その他	⑨	
	⑦から⑨までの計		⑩	
	総合譲渡・一時 ㋙＋｛(㋚＋㋛)×½｝		⑪	
	合計 ⑪から⑥までの計＋⑩＋⑪		⑫	1678184

所得から差し引かれる金額	社会保険料控除	⑬	396680
	小規模企業共済等掛金控除	⑭	
	生命保険料控除	⑮	114892
	地震保険料控除	⑯	
	寡婦、ひとり親控除	⑰～⑱	350000
	勤労学生、障害者控除	⑲～⑳	0000
	配偶者（特別）控除	㉑～㉒	0000
	扶養控除	㉓	380000
	基礎控除	㉔	480000
	⑬から㉔までの計	㉕	1721572
	雑損控除	㉖	
	医療費控除	㉗	2561
	寄附金控除	㉘	13000
	合計 (㉕＋㉖＋㉗＋㉘)	㉙	1737133

税金の計算	課税される所得金額 (⑫－㉙)又は第三表	㉚	000
	上の㉚に対する税額 又は第三表の㊱	㉛	0
	配当控除	㉜	
	(投資税額等)	㉝	00
	政党等寄附金等特別控除	㉞～㉟	
	住宅耐震改修特別控除等	㊱～㊳	0
	災害減免額	㊷	0
	再差引所得税額(基準所得税額) (㊳－㊷)	㊸	0
	復興特別所得税額 (㊸×2.1%)	㊹	0
	所得税及び復興特別所得税の額 (㊸＋㊹)	㊺	0
	外国税額控除等	㊻～㊼	
	源泉徴収税額	㊽	87084
	申告納税額 (㊺－㊻－㊼－㊽)	㊾	−87084
	予定納税額 (第1期分・第2期分)	㊿	
	第3分の税額 (㊾－㊿) 納める税金	51	00
	還付される税金	52	87084

その他	公的年金等以外の合計所得金額	53	
	配偶者の合計所得金額	54	
	専従者給与（控除）額の合計額	55	
	青色申告特別控除額	56	
	雑所得・一時所得等の源泉徴収税額の合計額	57	
	未納付の源泉徴収税額	58	5105
	本年分で差し引く繰越損失額	59	
	平均課税対象金額	60	
	変動・臨時所得金額	61	
	申告期限までに納付する金額	62	00
	延納届出額	63	00

還付される税金の受取場所

○○ 銀行 金庫・組合 農協・漁協 笹塚 本店・支店 出張所 本所・支所

郵便局名等

預金種類 普通 当座 納税準備 貯蓄

口座番号記号番号 1234567

区分	A	B	C	D	E	F	G	H	I	J	K
整理欄											

㊹・㊺・㊽ 卯又は㊾の記入をお忘れなく。

70,697 円が 87,084 円に還付額が増えましたよ。

わあ、嬉しい！

まずはお父様の所得を確認しないとですね。

現金払いの社会保険料などを所得の高い人が負担したことにする

高所得者一家では、こうやって扶養の見直しをすると節税につながったりしますね。ついでに、西村さんの国民健康保険、国民年金をお父様の申告書に載せればお父様と西村さんの税率の差分が有利となるんですが。

？

お父様の税率が 33% として、西村さんの税率は 5%。国民年金と国民健康保険の合計が 104,440 円なので、お父様が負担したとして申告すると 34,000 円程度税額が下がりますが、西村さんが負担したとすると下がる税額は 5,000 円程度なんです。

むむむ、お父さんの確定申告に計上して、差額 3 万円、お父さんに返してもらおうかな。

それもアリですね。

あれ？　給料から天引きされていた社会保険料は？

 給料から天引きされていた分は、明らかに西村さんが払っていたものなので西村さんからしか引けないんです。国民年金や国民健康保険を現金納付している場合は、生計が一なら誰が払ったことにしても大丈夫なんですよ。

 なるほど。現金なら払った人を特定できないというわけか。

 医療費も、ご両親がたくさん病院にかかっていて、10万円を超えているなら西村さんの分もお父様の申告に載せた方が有利ですよ。

 医療費はクレジットカードで払ったんだけど大丈夫？

 クレジットカードだと、西村さんが払ったと特定できるのでダメですね。

 とすると、僕より妻の方が税率が高いなら、妻に僕の国民健康保険や国民年金をつけた方が有利ってこと？

 そうなりますね。

 じゃあ、確定申告のときに付替えができるように現金納付のままにしておこう。生計が一って税金を考える上で結構大事かも。

ふるさと納税は？

ふるさと納税は寄附金受領証明書に西村さんの名前が印字されているのでお父様の申告書には載せられないですね。寄附金控除は、納税者自身が寄附した分しかダメなんです。

第6章

個人事業主
おススメの節税対策

　個人事業主は所得税に住民税、事業税、消費税と税金のオンパレードです。このほかにも車を持っていれば自動車税、不動産や機械や備品などを持っていれば固定資産税がかかりますし、税金ではないですが国民健康保険の負担もあります。どんな節税方法を取れば何の負担が下がるのでしょうか。

経営セーフティ共済

経営セーフティ共済はオールマイティ？

 所得税に住民税に続いて事業税かあ。いろんな税金を納めなきゃいけないのね。勤めていたときは税金の種類なんて意識したこともなかった。

 国民健康保険も納めなきゃいけないし……自分で納めるという行為自体したことなかったからなあ。

 一度お財布に入ったものを出すって、すごい負担感あるのよね。

 確かに。何かいい節税方法ってないのかな？

経営セーフティ共済といって、国がやっている制度がありまして、これなら所得税に住民税、事業税、国民健康保険、全部ひっくるめて下げることができますよ。

 ええ！　すごい！

経営セーフティ共済は事業の必要経費になる

経営セーフティ共済の掛金は、事業の経費になるんです。掛金を払い込めば事業所得の額が小さくなります。事業の経費になる経営セーフティ共済は節税にうってつけなんです。

事業収入			
必要経費	事業所得（合計所得金額）		←事業税（事業所得−290万円）
	繰越控除	総所得金額等	←国民健康保険
		所得控除 課税される所得金額	←所得税・住民税

経営セーフティ
共済の掛金はココ

経営セーフティ共済って何者？

経営セーフティ共済って節税のための制度なの？

本当は取引先が倒産したときのために備えて積立てをするという共済で、取引先が倒産して売掛金が入ってこない！というときに、積立てしておいた額の最高10倍まで貸付けを受けられるという制度です。といってもこれは建前でして。

事業の経費を増やすための節税対策に使われていると。

その通りです。売掛金がない個人事業主だって加入できます。掛金は月額5,000円から20万円までの範囲（5,000円単位）で自由に選択でき、最高で年間240万円まで積めて、全額、事業所得の必要経費となります。

全額経費になるなんてすごい！ それなら、儲かったときは掛金を払えば節税になる！

実は課税の繰延べ

800万円まで積んだら掛止めになります。40か月以内に解約すると元本割れするから気を付けてくださいね。解約すると掛金は返ってきて雑収入になります。

解約すると雑収入ということは、事業の収入なのね。税金かかるんじゃ？

そうなんですよ。なので、めちゃくちゃ業績が悪くなった時に解約するのがお得なんです。あとは法人成りするから個人の所得が落ちたときに解約もアリですね。

いつかは課税される、ということか。

ええ。これを「課税の繰延べ」なんていいますけど、課税される時期をうまくコントロールできればすごくお得な制度ですよ。儲かっているときにはたくさん積み立てて、苦しくなったら解約すれば資金繰りも助かります。

【経営セーフティ共済　加入資格】

　次表の各業種において、「資本金の額または出資の総額」、「常時使用する従業員数」のいずれかに該当する会社または個人の事業者

業種	資本金の額または出資の総額	常時使用する従業員数
製造業、建設業、運輸業その他の業種	3億円以下	300人以下
卸売業	1億円以下	100人以下
サービス業	5,000万円以下	100人以下
小売業	5,000万円以下	50人以下
ゴム製品製造業（自動車または航空機用タイヤおよびチューブ製造業ならびに工業用ベルト製造業を除く。）	3億円以下	900人以下
ソフトウェア業または情報処理サービス業	3億円以下	300人以下
旅館業	5,000万円以下	200人以下

（出典：中小機構ホームページ）

2 小規模企業共済

小規模企業共済等掛金控除も悪くない

小規模企業共済は、積み立てておいて廃業時にそれを受け取る、というものなのですが、積み立てた額が全額、所得控除となります。

国がやってる、小規模企業者の退職金制度なんですよね。

そうです。掛金は、国が運用してくれて、65歳に達したとき（掛金を180か月以上支払っている場合）か、廃業時に退職金として受け取れます。必要経費ではないので国民健康保険や事業税は減らないのですが。

事業収入			
必要経費	事業所得（合計所得金額）		←事業税（事業所得−290万円）
	繰越控除	総所得金額等	←国民健康保険
		所得控除 | 課税される所得金額	←所得税・住民税

小規模企業
共済の掛金はココ

所得控除でもありがたいですよ。老後資金を貯金するよりこっちの方がお得だもん。

小林さん、知ってるんだ。

実は、梅沢さんに勧められて去年加入してるんですよ。

そんなにお得なの？

このご時世、定期預金だって利率はよくて0.1％ぐらいなもんです。税額を利息と考えたら？

所得税率5％、住民税率10％の西村さん

年間12万円掛金を支払ったら税負担は18,000円軽くなる
（12万円×（5％＋10％））
税金を利息と考えたら12万円を預けると18,000円利息が付く
→年15％の利回り！

めちゃくちゃお得！　掛金はいくらまで積めるの？

 年間最高 84 万円です。年払いでもいいですし、月々も OK です。掛金月額は、1,000 円から 7 万円までの範囲内（500 円単位）で選択できますよ。

 1 年に 84 万円も積めるの？　すごい！

加入時期に注意

 注意点もありまして、令和 3 年分の確定申告にはもう間に合いません。令和 3 年分の税額を下げたいなら令和 3 年の 12 月中に掛金を払い込んで手続きが完了してないとダメなんですよ。

 令和 3 年分はもうダメなのね。

 令和 4 年分の申告には間に合いますから、ぜひ加入していただきたい制度ですね。

 老後のために積み立てすると税金が安くなるなんてすごい！　絶対入ろう！

加入期間が長いほど有利

早めに加入すればするほど受け取るとき有利になります。資金的にきついときは掛金を減額してでも解約せずに続けて欲しいです。

なんで早めに加入すると有利になるの？

廃業又は 65 歳以上で一括で受け取るときは所得税がかかるんですが、「退職所得」扱いとなります。この退職所得には引けるものとして退職所得控除がありますが、これは勤続年数が長い方が大きくなります。

【退職所得の計算方法】

（収入金額－退職所得控除額）×1/2＝退職所得の金額

退職所得控除額の計算の表

勤続年数（＝A）	退職所得控除額
20 年以下	40 万円×A （80 万円に満たない場合には、80 万円）
20 年超	800 万円＋ 70 万円×（A － 20 年）

勤続年数はふつうのサラリーマンは会社に勤めていた年数ですが、小規模企業共済の場合、共済加入期間です。

だから早めに加入すべき！なんだ。早めに加入すれば退職所得控除が大きくなって税負担が軽くなる。

小規模企業共済を運営している中小企業基盤整備機構の
ホームページを見ると年間 12 万円の掛金を 20 年納め
ると 65 歳時に 2,658,800 円受け取れるとあります。
所得税率 5%、住民税率 10% の西村さんの場合、どう
なるか見てみましょうか。

掛金を払った 20 年間の所得税と住民税の節税額　12 万円×（5％＋10%）
×20 年＝36 万円

退職所得　（2,658,800 円−40 万円×20 年）×1/2＝0 円

あれ？　退職所得は 0 円？

退職金って、長年の勤労報酬の後払いでもあり、老後の
生活費になるものでもあるので、これにガッツリ税金を
かけたら生活できないので、退職所得には大きく控除額
があるんですよ。

加入してる最中に節税できて、受取時は税負担ナシ!?

これは絶対に加入しないと。

小規模企業共済は分割受取も可能です。この場合は公的
年金等の雑所得となります。

解約時の注意点

注意点もありまして、半年未満の短期解約だと1円も受け取れなかったり、20年未満で任意解約すると元本割れします。解約して共済金を受け取った場合は一時所得として課税されます。

【一時所得の計算方法】

総収入金額－収入を得るために支出した金額－特別控除額（最高50万円）$\times \dfrac{1}{2}$＝一時所得の金額

今までの掛金は「収入を得るために支出した金額」になりませんのでご注意を。

特別控除額（最高50万円）って？

50万円引けるんですよ。

一時所得というのは、事業所得と違って、たまたま利得した所得のことをいいます。たまたま利得したのだから、50万円までなら税金は課さないでおこう、となっています。

ということは、解約したときに受け取った金額が50万円以下なら課税されないんだ。

そうですね。一時所得は、受け取った金額から50万円を控除した額をさらに1/2した額で税額を計算するので、税制的に優遇されていますね。

節税にはキャッシュアウトがつきもの

経営セーフティ共済と小規模企業共済は、節税効果は絶大ですが、同時にキャッシュが出ていってしまうので資金繰りが厳しいとか生活費が足りないなんてことにもなりかねないので気を付けてくださいね。

税金を払いたくないなら最高額払い込めばそれだけ税金安くなってよくない？

掛金に税率をかけた分しか税額は下がらないので、手許からは節税額の何倍ものキャッシュが出て行ってしまいます。余剰資金がたっぷりあるならいいのですが、そうではない場合は短期解約をする羽目になって損してしまうこともあります。

目先の利益に目がくらんでちゃダメなのね。

第7章

インボイスで
どうなっちゃうの？
消費税

事業が軌道に乗ってくると気になるのが消費税です。消費税は税率が上がり、軽減税率が導入されたりと改正が重なっていて、令和5年からはインボイス制度が始まります。このインボイス制度のせいで、消費税は軌道に乗る前から気にしないといけない税金になってしまいそうです。

インボイスって何？

どんな場合に課税事業者になるのか

個人事業主になって少し経つと気になるのが消費税ですかね。

僕は令和5年から課税事業者決定だなあ。

課税事業者？

消費税を納める義務のある人のことですね。

消費税を納める義務のある人？　消費税ってモノを買うときに払うアレよね？　8％とか10％の。

消費税は消費者が負担する税ですが、事業者が消費者から預かって税務署に納付しているんです。西村さんにお仕事をくれる出版社は本を消費者に売って消費税を預かり、西村さんに支払った消費税を差し引いて納めているんですよ。

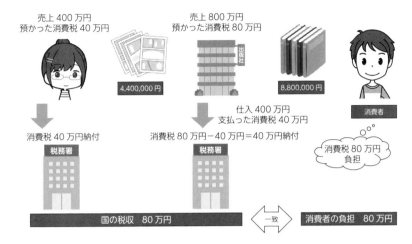

西村さんのイラストの売上440万円のうち40万円は消費税。出版社は、本の売上880万円のうちの消費税80万円から西村さんに払った40万円を控除して40万円を納付します。

西村さんが消費税課税事業者なら40万円を納めますから、西村さんと出版社が納めた消費税の合計額は消費者が負担する消費税の額と一致します。

 私、消費税納めてないけど？

 2年目までは消費税は納めなくていいからだよ。

西村さんはまだ免税事業者ですね。2年前の課税売上が大台の1,000万円を超えると、当年は消費税課税事業者になります。または、前期の上半期、「特定期間」の課税売上と支払った給料両方が1,000万円を超えた場合、当年は課税事業者ですね。

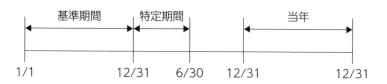

基準期間　　　　特定期間　　　　　　当年

1/1　　　　　12/31　6/30　12/31　　　　12/31

売上が1,000万円なんて、夢のまた夢　私は消費税を納めることはなさそうだわ。

でも、令和5年からは西村さんも、売上が1,000万円を超えなくても課税事業者にならざるを得ないかもしれないんですよ。

え？　どういうこと？

免税事業者は市場から追い出される!?

小林さんのようなお客さんが消費者であるB to C（Business to Consumer）の業態なら関係ないのですが、西村さんはイラストレーター。B to B（Business to Business）であることが多いでしょ？

ええと、B to Bというのは？

商売の相手が一般消費者じゃないってことです。

ああ、なるほど。お仕事くださる先はみんな、出版社とか、ある程度の知名度のある会社さんです。

B to B の場合、令和5年10月から西村さんはそういう会社からお仕事をもらえなくなる可能性があるんです。

どうして？

インボイス制度が始まるからです。

免税事業者への支払いから「仮払消費税」がなくなる

インボイス制度？

課税事業者はモノやサービスを売ったときに消費税を預かって（仮受消費税）、モノやサービスを買ったときに消費税を払って（仮払消費税）います。通常、預かった消費税から払った消費税を差し引いた額を国に納めます。

今は仕入先が課税事業者でも免税事業者でも、仮受消費税から仮払消費税を差し引けます。

【現行　免税事業者から仕入れた場合】

売上 440 万円
仮受消費税 0 円

4,400,000 円

売上 800 万円
仮受消費税 80 万円

8,800,000 円

消費者

仕入 400 万円
仮払消費税 40 万円

免税事業者　消費税納付 0 円

税務署

消費税 80 万円−40 万円＝40 万円納付

税務署

消費税 80 万円
負担

国の税収　40 万円　　　　　　　　　　　不一致　　消費者の負担　80 万円

消費者の負担と国の税収が一致してない。

ええ、今は仕入先が免税事業者だと不一致が起こります。
でも、令和 5 年 10 月からはこうなります。

【インボイス制度　免税事業者から仕入れた場合】

売上 440 万円
仮受消費税 0 円

4,400,000 円

売上 800 万円
仮受消費税 80 万円

8,800,000 円

消費者

仕入 440 万円
仮払消費税 0 円

免税事業者　消費税納付 0 円

消費税 80 万円−0 円＝80 万円納付

消費税 80 万円
負担

| 国の税収　80 万円 | ⟺ 一致 | 消費者の負担　80 万円 |

消費者の負担と国の税収が一致したけれど、出版社の消費税納税額が大きくなってる。

令和 5 年からは仮払消費税を差し引けるのはインボイスを受け取った場合のみ。インボイスを発行できるのは課税事業者だけなので、免税事業者である西村さんからの仕入は仮払消費税がなくなるんですよ。

インボイスって何？

課税事業者が税務署に登録することで発行できるようになる請求書を「インボイス」と呼んでいます。正式名称は「適格請求書」。

税務署に登録して、登録番号を持った課税事業者が発行したインボイスを受け取った場合のみ、仮受消費税から仮払消費税を差し引けるようになるんです。

インボイスをもらえなかった場合、出版社は私に440万円支払っているけど40万円はどうなっちゃうの？

本体価格です。仕入額が440万円となります。仮払消費税は0円。

出版社は、今までは私からの仕入でも、仮払消費税があったから仮受消費税から引けて、出版社の消費税納税額は40万円だったのに、インボイスになると仮払消費税がなくなって納税額が80万円に増えてる。

出版社は割増価格で買ったみたいで損した気分だな。西村さんには申し訳ないけど免税事業者から買うなら400万円で買いたい。

小林さんのおっしゃるように、その要望に合わせて免税事業者が消費税分を上乗せしないで販売することも考えられます。想定されるケースを比較してみましょうか。

【現行】

【インボイス制度】

インボイス発行事業者から仕入れた場合

税込仕入　440万円　税込売上　880万円
本体価格　400万円　本体価格　800万円
仮払消費税 40万円　仮受消費税 80万円

税込仕入　440万円　税込売上　880万円
本体価格　400万円　本体価格　800万円
仮払消費税 40万円　仮受消費税 80万円

| 仕入 400万円 | 売上 800万円 |
| 利益 400万円 | |

| 仕入 400万円 | 売上 800万円 |
| 利益 400万円 | |

| 仮払消費税 40万円 | 仮受消費税 80万円 |
| 消費税納税額 40万円 | |

| 仮払消費税 40万円 | 仮受消費税 80万円 |
| 消費税納税額 40万円 | |

キャッシュアウトの額　480万円

キャッシュアウトの額　480万円

【インボイス制度】

免税事業者から仕入れた場合

免税事業者が消費税相当分を上乗せしない場合

仕入　　　440万円　税込売上　880万円
本体価格 440万円　本体価格　800万円
仮払消費税　 0円　仮受消費税 80万円

仕入　　　400万円　税込売上　880万円
本体価格 400万円　本体価格　800万円
仮払消費税　 0円　仮受消費税 80万円

| 仕入 440万円 | 売上 800万円 |
| 利益 360万円 | |

| 仕入 400万円 | 売上 800万円 |
| 利益 400万円 | |

| 消費税納税額 80万円 | 仮受消費税 80万円 |

| 消費税納税額 80万円 | 仮受消費税 80万円 |

キャッシュアウトの額　520万円

キャッシュアウトの額　480万円

インボイス制度で免税事業者から仕入れると利益が減って、消費税納税額が増えて、キャッシュアウトも増える。これじゃ踏んだり蹴ったり。

インボイス発行事業者から仕入れた場合と、免税事業者が消費税相当分を上乗せしない場合と比べると、消費税の納税額は違うけど、キャッシュアウトの額は同じになるんだ。

免税事業者が消費税相当分の上乗せ請求をやめれば、取引してもいいんじゃない？

数字上はそうですね。でも、実際の取引のときに免税事業者が混じると色々めんどうなのでバッサリ免税事業者とは取引しない、とする会社が出てくると思います。

取引先が免税事業者なのかインボイス発行事業者なのかわからなくない？

税務署にインボイス発行事業者として登録すると登録番号を付けられます。それをインボイスに記載する決まりとなっています。登録事業者は「国税庁適格請求書発行事業者公表サイト」で確認できますよ。

最近は、取引先の登録番号を確認する体で取引先に手紙を出すことで、取引先が課税事業者かどうか確認しているところが多いみたいですね。

免税事業者だと登録番号を持ってないから答えられない。免税事業者ってわかっちゃうな。

なぜインボイス制度が導入されるのか

 免税事業者と取引しないなんて😕　どうしてインボイス制度なんて始まるの？

 国としては消費税率を上げて、益税を見逃せなくなってきたんです。

 益税？

 免税事業者は、消費税で得してるんですよ。現行では仕入れた先が免税事業者でも課税事業者でも仮払消費税を差し引けるので、免税事業者は取引をやめられる心配もなく消費税を上乗せして請求できて、それが免税事業者の利益になっています。

 確かに、私は消費税納めてないけど消費税分もらってる。

 いいんですよ、消費税導入反対の論調を抑えるために国が益税を認めたんですから。でも導入当初は3％だったものが今や10％。ちょっと額が大きくなり過ぎたんです。

 免税事業者が消費税でどれだけトクをしていたか、西村さんの令和3年の数字で見てみましょうか。税込売上462,000円だったけれどインボイス制度になっても免税のままで、消費税分の上乗せ請求をやめて420,000円請求した場合はこうなります。

免税事業者		
	現行	インボイス制度
売上	462,000	420,000
費用	103,816	103,816
租税公課（消費税）	0	0
利益	358,184	316,184　差　42,000

 消費税分請求する額が減ったから 42,000 円利益が減ってる。

 消費税の上乗せをやめた分、利益が減りましたね。この数字だとピンとこないかもしれませんが、0 がひとつ増えて売上が 462 万円だったら、インボイス制度下で免税事業者のままで値引きすると 42 万円も利益が減るんですよ。

 うわわわわ🌀

 42 万円も利益が吹っ飛ぶって痛いな。

 国も免税事業者へのインパクトを気にして、免税事業者からの購入であっても一定額を仮払消費税として認めるという経過措置がありますが、どうでしょうね。

【経過措置】

期　間	割　合
令和 5 年 10 月 1 日から令和 8 年 9 月 30 日まで	仕入税額相当額の 80%
令和 8 年 10 月 1 日から令和 11 年 9 月 30 日まで	仕入税額相当額の 50%

仕入税額相当額の80%って……めんどくさいな

そう、めんどくさいですよね。**実際に課税事業者の中では、今後は課税事業者のみと取引をしようという議論が出ているので、免税事業者は利益どころか売上が立たなくなる可能性が大きいですよ。**

インボイス制度になったら、私、お仕事もらえなくなっちゃう　どうしたらいいの？

② 免税事業者の対応策

適格請求書発行事業者になる

西村さんは「適格請求書発行事業者」になりましょう。

「適格請求書」って何だっけ？

インボイスですよ。

「適格請求書発行事業者」、今まで「インボイス発行事業者」って言ってたヤツ？

そうです。インボイスを発行できるようになれば、西村さんにお仕事を依頼した会社はインボイス前と変わらないわけですから、取引をやめられるなんてこともないでしょう。

 適格請求書発行事業者って、どうやったらなれる？

税務署に「適格請求書発行事業者の登録申請書」を提出し、登録を受けます。西村さんは免税事業者だから本来は「消費税課税事業者選択届出書」を出して課税事業者になる必要があるのですが。

令和3年10月1日から登録受付は開始されていて、申請期限は令和5年3月31日です。**免税事業者が令和5年10月1日の属する課税期間中に登録を受ける場合、「消費税課税事業者選択届出書」はいらなくなっています。**

 今、令和4年だけど、いまのうちに届出を出すなら「適格請求書発行事業者の登録申請書」だけを出せばいいのね。

申請書はこちらになります。令和5年10月以降に申請する場合はこの申請書は使えないので注意してください。

第1-(1)号様式

国内事業者用

適格請求書発行事業者の登録申請書

【1／2】

収受印		

令和　年　月　日

（フリガナ）	シブヤク ササヅカ〇-〇-〇
住所又は居所（法人の場合）本店又は主たる事務所の所在地	（〒 151 － 0073 ）（法人の場合のみ公表されます）渋谷区笹塚〇-〇-〇（電話番号　xx － xxxx － xxxx ）
（フリガナ）	（〒　　－　　　）
納　税　地	同上（電話番号　　－　　－　　）
（フリガナ）	ニシムラ　アキコ
氏名又は名称	西村　アキコ
（フリガナ）（法人の場合）代表者氏名	
法　人　番　号	

申請者

渋谷　税務署長殿

この申請書に記載した次の事項（◎ 印欄）は、適格請求書発行事業者登録簿に登載されるとともに、国税庁ホームページで公表されます。
1　申請者の氏名又は名称
2　法人（人格のない社団等を除く。）にあっては、本店又は主たる事務所の所在地
なお、上記1及び2のほか、登録番号及び登録年月日が公表されます。
また、常用漢字等を使用して公表しますので、申請書に記載した文字と公表される文字とが異なる場合があります。

下記のとおり、適格請求書発行事業者としての登録を受けたいので、所得税法等の一部を改正する法律（平成28年法律第15号）第5条の規定による改正後の消費税法第57条の2第2項の規定により申請します。
※　当該申請書は、所得税法等の一部を改正する法律（平成28年法律第15号）附則第44条第1項の規定により令和5年9月30日以前に提出するものです。

令和5年3月31日（特定期間の判定により課税事業者となる場合は令和5年6月30日）までにこの申請書を提出した場合は、原則として令和5年10月1日に登録されます。

事　業　者　区　分	この申請書を提出する時点において、該当する事業者の区分に応じ、□にレ印を付してください。□ 課税事業者　　　☑ 免税事業者※　次葉「登録要件の確認」欄を記載してください。また、免税事業者に該当する場合には、次葉「免税事業者の確認」欄も記載してください（詳しくは記載要領等をご確認ください。）。
令和5年3月31日（特定期間の判定により課税事業者となる場合は令和5年6月30日）までにこの申請書を提出することができなかったことにつき困難な事情がある場合は、その困難な事情	
税　理　士　署　名	（電話番号　　－　　－　　）

この申請書は、令和三年十月一日から令和五年九月三十日までの間に提出する場合に使用します。

※税務署処理欄	整理番号		部門番号		申請年月日	年　月　日	通信日付印　年　月　日	確認
	入力処理	年　月　日	番号確認		身元確認	□ 済□ 未済	確認書類 個人番号カード／通知カード・運転免許証その他（　）	
	登録番号	T						

注意　1　記載要領等に留意の上、記載してください。
　　　2　税務署処理欄は、記載しないでください。
　　　3　この申請書を提出するときは、「適格請求書発行事業者の登録申請書（次葉）」を併せて提出してください。

国内事業者用

適格請求書発行事業者の登録申請書（次葉）

【2／2】

> 免税事業者が課税事業者選択届出書を提出せずに登録申請する場合、チェック

氏名又は名称	西村　アキコ

該当する事業者の区分に応じ、□にレ印を付し記載してください。

免税事業者の確認	☑ 令和5年10月1日の属する課税期間中に登録を受け、所得税法等の一部を改正する法律（平成28年法律第15号）附則第44条第4項の規定の適用を受けようとする事業者 ※ 登録開始日から納税義務の免除の規定の適用を受けないこととなります。				
	個 人 番 号	× × × × × × × × × × × ×			
	事業内容等	生 年 月 日 （個人）又は設立年月日（法人）	1明治・2大正・3昭和・④平成・5令和 1 年 5 月 5 日	法人のみ記載	事 業 年 度　自 月 日　至 月 日 資 本 金　　　　円
		事 業 内 容	イラストレーター		
	□ 消費税課税事業者（選択）届出書を提出し、納税義務の免除の規定の適用を受けないこととなる課税期間の初日から登録を受けようとする事業者		課 税 期 間 の 初 日 ※ 令和5年10月1日から令和6年3月31日までの間のいずれかの日 令和 年 月 日		

登録要件の確認	課税事業者です。 ※ この申請書を提出する時点において、免税事業者であっても、「免税事業者の確認」欄のいずれかの事業者に該当する場合は、「はい」を選択してください。	☑ はい □ いいえ
	消費税法に違反して罰金以上の刑に処せられたことはありません。 （「いいえ」の場合は、次の質問にも答えてください。）	☑ はい □ いいえ
	その執行を終わり、又は執行を受けることがなくなった日から2年を経過しています。	□ はい □ いいえ
参 考 事 項		

この申請書は、令和三年十月一日から令和五年九月三十日までの間に提出する場合に使用します。

適格請求書発行事業者になるには、税務署で登録する必要がある……。で、これらは課税事業者であると。

課税事業者が自動的に適格請求書発行事業者になるわけではなく、登録申請書を提出しないと適格請求書発行事業者になれないので、令和5年に課税事業者であっても、小林さんも適格請求書発行事業者になりたいなら登録申請書を提出しないとですね。

たまにモデルさんのヘアセットを頼まれることがあるんですよ。そのときは適格請求書を出せた方がいいから、令和5年は課税事業者だろうけど僕も登録をしなきゃ。

期の途中から課税事業者OK

インボイス制度は令和5年10月1日から、ということは僕や西村さんみたいな個人事業主は決算期が1月1日から12月31日だから1年の途中。僕は令和5年1月から課税事業者決定だけど西村さんは違う。西村さんは令和5年1月から課税事業者にならないといけないのかな？

いえ、西村さんは令和5年10月以降分から課税事業者として消費税を計算すればOKです。

【免税事業者に係る登録の経過措置】
（例）　免税事業者である個人事業者が令和5年10月1日に登録を受けるため、令和5年3月31日までに登録申請書を提出し、令和5年10月1日に登録を受けた場合

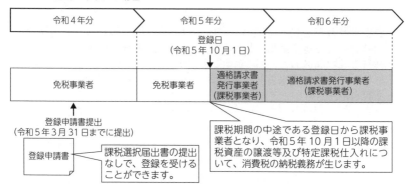

令和4年分	令和5年分	令和6年分

登録日
（令和5年10月1日）

免税事業者	免税事業者	適格請求書 発行事業者 （課税事業者）	適格請求書発行事業者 （課税事業者）

登録申請書提出
（令和5年3月31日までに提出）

登録申請書

課税選択届出書の提出なしで、登録を受けることができます。

課税期間の中途である登録日から課税事業者となり、令和5年10月1日以降の課税資産の譲渡等及び特定課税仕入れについて、消費税の納税義務が生じます。

（出典：国税庁「消費税の仕入税額控除制度における適格請求書等保存方式に関するQ&A」）

免税事業者が令和5年10月1日の属する課税期間中に登録を受けた場合、登録日から課税事業者となる経過措置があるんです。

もう登録申請書、出しちゃおうかな。

その前にお仕事をいただいている会社さんにインボイス制度が導入された後、免税事業者との取引はどうなるのか聞いてみた方がいいと思いますよ。

そっか、それから出しても遅くないわけだし。

210

3 かんたん消費税

消費税が課税されるもの、されないもの

こうなると、消費税課税事業者になることが濃厚だから消費税も勉強しなきゃいけないのね。私、大丈夫かな。

イラストレーターのお仕事の場合、売上は課税なので給付金などがない限り迷うことはないでしょう。

モノ・サービスを購入したときに消費税を支払う取引、これを消費税法では課税仕入れというのですが、日々の取引が**課税仕入れ**になるかを考える必要があります。

消費税が課税される4要件（課税4要件）

① 国内において行われる取引
② 事業者が事業として行う取引
③ 対価を得て行う取引
④ 資産の譲渡、資産の貸付け又は役務の提供

これのどれかに当てはまらないなら消費税は課税されません。**課税対象外**とか**不課税**とか言われるわけですが、まず、お二方は①は考えなくていいと思います。国外取引はないでしょうから。そうすると、問題になってくるのは②③④ですが、イメージしやすいのは給料ですね。

給料？　お給料って消費税ついてたっけ？

給料は「②事業者が事業として行う取引」ではなく雇用契約に基づく労働の対価なので課税4要件に当てはまらないんです。課税対象外ですね。

 そういう理屈があるんだ。

贈与なんかも、事業じゃないですし、役務の提供でもないので課税対象外です。配当や給付金、補助金、生命保険金の受取りも課税対象外ですね。

非課税

消費税がかからないものには「課税対象外」の他にも「非課税」という枠があります。例えば、マンションの家賃は課税4要件を満たしてますが、社会政策的配慮に基づき非課税としています。

 そういえば、お店の賃料は課税だけど、マンションの家賃って消費税かかってない。

 給料は「課税対象外」で家賃は「非課税」?

非課税は、課税4要件に当てはまっているけれど課税したら国民の生活を圧迫したり反感を買うから課税しないとしたんです。社会保険医療も非課税ですし、火葬なども非課税。

あれ？　歯を治した時、請求額は77,000円だった。7,000円は消費税じゃないの？

 その値段じゃ銀じゃないインレーですよね。社会保険医療は非課税ですけど、自費診療は消費税課税ですよ。

 そうでした、健康保険使えないって言われた。

 課税事業者となると、取引ひとつひとつについて、これを考えなきゃいけないんですよ。

 できるかな

 課税対象外のものってそんなに多くないですし、非課税は法律で決められているので覚えるしかない。残りが課税ですから。

 払ったもの、いちいち考えるなんて気が遠くなりそう。

 ぶっちゃけ、支払ったときの課税対象外と非課税って、正確に分けられなくても税額に影響ないんですよ。

 そうなの？

 売上は課税対象外と非課税をちゃんと分けなきゃ税額に影響することがありますが、支払ったものは大丈夫なんです。ともかく、**支払った取引が課税取引かどうかを判定できればいいんです**。

でも、非課税や課税対象外とは何かがわかってないと判定できなくない？

 ま、そうなんですけど……

非課税取引

税の性格上課税対象とならないもの
1. 土地の譲渡、貸付け
2. 有価証券等の譲渡、支払手段の譲渡
3. 利子、保証料、保険料など
4. 郵便切手類、印紙、商品券、プリペイドカード等の譲渡
5. 住民票の発行や、戸籍抄本の交付等の行政手数料、外国為替業務の手数料

社会政策的配慮に基づくもの
6. 社会保険医療の給付等
7. 一定の介護保険サービス、社会福祉事業等によるサービスの提供等
8. 助産
9. 埋葬料、火葬料
10. 一定の身体障害者用物品の譲渡、貸付け等
11. 一定の学校の授業料、入学金等
12. 教科書用図書の譲渡
13. 住宅の貸付け

中小事業者の味方「簡易課税」

 支払ったものが課税取引かどうかすら判定しなくていい計算方法もあります。課税売上高が 5,000 万円以下の場合、「簡易課税」なるものを選べるんですよ。

簡易課税？

売上はちゃんと消費税を把握しなきゃですけど、支払った時の仮払消費税は課税売上高から計算するから考えなくていいよ、という計算方法です。業種によってみなし「仕入率」というのが用意されていて、イラストレーターも美容院も第5種ですね。

簡易課税　仕入に係る消費税額の計算式

課税標準額に対する消費税額×みなし仕入率（サービス業等の場合50%）

事業区分	みなし仕入率
第1種事業（卸売業）	90%
第2種事業（小売業、農業・林業・漁業（飲食料品の譲渡に係る事業に限る））	80%
第3種事業（農業・林業・漁業（飲食料品の譲渡に係る事業を除く）、鉱業、建設業、製造業、電気業、ガス業、熱供給業及び水道業）	70%
第4種事業（第1種事業、第2種事業、第3種事業、第5種事業及び第6種事業以外の事業）	60%
第5種事業（運輸通信業、金融業及び保険業、サービス業（飲食店業に該当するものを除く））	50%
第6種事業（不動産業）	40%

支払った時の仮払消費税を課税売上高から計算する？

ええ。インボイス制度が始まっても、簡易課税ならモノ・サービスを購入した時に受け取った請求書が適格請求書かどうかも関係なく消費税の計算ができるので楽ですよ。

簡易課税なら、実際に仮払消費税をいくら払ったか、関係なくなるんだ！

私にお仕事くれる出版社さんも簡易課税選択してたら、私が免税事業者のままでもお仕事くれないかな？

簡易課税は基準期間の課税売上高が5,000万円までじゃないと適用できないので大きな会社さんはダメなんですよ。

残念。

西村さんが課税事業者になったときのシミュレーションをしてみましょう。わかりやすくするために令和3年の数字を10倍にして、パソコンは毎年買わないと思うのではずします。

適格請求書発行事業者		
	簡易課税	原則課税
売上	4,620,000	4,620,000
費用	1,038,160	1,038,160
租税公課（消費税）	210,000	401,430
利益	3,371,840	3,180,410

＜原則課税の租税公課（消費税）の計算＞

4,620,000円× 0.1/1.1 ＝ 420,000円（仮受消費税）A

水道光熱費 1,024円＋旅費交通費 504円

＋通信費 10,664円＋接待交際費 8,000円＋会議費 240円＝ 20,432円

20,432円× 0.1/1.1 ＝ 1,857円× 10倍＝ 18,570円（仮払消費税）B

A－B ＝ 401,430円

簡易課税だと売上が4,620,000円で第5種なら4,620,000円×0.1/1.1−4,620,000円×0.1/1.1×50% で消費税の納税額は210,000円ですね。

原則課税って？

先ほど説明していた、仮受消費税から仮払消費税を差し引いて納税額を計算する方法です。

簡易課税の方が消費税の納税額が少なくなって、利益が大きくなってる。

簡易課税はサービス業だと仮受消費税の50%を仮払消費税として認めてくれますから。実際にはそんなに仮払消費税はないことが多いので簡易課税が有利なことが多いです。

簡易課税にしよう！

西村さんは免税事業者のままで値引きするより簡易課税を選択する方が有利ですね。値引きだと仮受消費税分の42万円利益が減りますが、簡易課税ならみなし仕入率が50%だから仮受消費税の半分の21万円は手元に残ります。

値引きだと仮受消費税分の利益をまるまるあきらめることになるけれど、簡易課税なら西村さんはその半分をあきらめるだけですむんだ。

簡易課税は多額の設備投資を行った場合など不利になることもありますので、必ずしも有利とはいいきれないのですが。

簡易課税を選択する場合、「簡易課税制度選択届出書」を提出する必要があります。免税事業者がインボイス制度開始と同時に簡易課税を選択するなら、令和5年10月1日の属する課税期間中に出せばOKです。

 僕も出した方がいいのかな？

人件費率が高いので、簡易課税の方が有利かもしれませんね。今度シミュレーションしてみましょうか。

第8章

よくわからない
仕訳6選

　いざ仕訳を入力しようとすると、見たこともない勘定科目と出会います。それは「事業主借」と「事業主貸」。簿記を勉強したことがあっても、簿記の問題は法人を前提に作られているため、出会うのが実戦の場であることが多く面食らってしまう方が多いようです。

利息を受け取ったらどうやって仕訳するの？

仕訳入力していて困ったのが、預金利息なんですよ。ネットで調べてはみたけれど、2パターンあって。どっちが正しいんだろう？

① 預金／受取利息

② 預金／事業主借

①は法人の場合ですね。個人の場合は、利息って事業所得じゃないんですよ。**事業に関係ない取引は全て事業主借・事業主貸勘定**になります。

事業に関係ない？

預金利息は事業をしていなくても受け取りますよね？事業をやっているから得た収入じゃないんですよ。

そう言われればそんな気もするけど、じゃあ何になるのかな？

「利子所得」。個人事業主は事業所得と給与所得のように、所得の出どころが違うと所得名が変わるんです。第1表を見てみるとわかりやすいかと。

			区分									
収入金額等	事業	営業等	区分	㋐			4	6	2	0	0	0
		農業	区分	㋑								
	不動産	区分1	区分2	㋒								
	利	子		㋓								
	配	当		㋔								
	給	与	区分	㋕		2	0	0	0	0	0	0
	雑	公的年金等		㋖								
		業務	区分	㋗								
		その他	区分	㋘								
	総合譲渡	短期		㋙								
		長期		㋚								
	一	時		㋛								

 ほんとだ、「利子所得」ってある。

 私も通帳持ってる。利息ついてたけれど申告しなきゃいけないの?

 通帳は日本の銀行のものですよね?

 もちろん。

 日本の金融機関から受け取った利息は源泉所得税が引かれたあとの金額であって申告は不要となっています。

 申告しなくていいんだ、よかった。申告がいらないのに、なんでこの欄ってあるんだろう?

 海外の金融機関に口座があって利息を受け取っていたりするとこの第1表に記入するんですよ。

事業所得に関係ないものは事業主借・貸

 もうひとつ納得がいかないのが、事業に組み込んでいない銀行口座からお金を引き出して事業用の通帳に入金しても②と同じ仕訳になる、でいいの？

非事業用口座から引き出して事業用口座へ入金したとき

③　預金／事業主借

そうですね。

 預金利息は収入で、預金移動は収入にはならないのに、同じ仕訳になるのが違和感で。

事業主借・貸は事業所得とカンケイないものに対して使う勘定科目なんですよ。記帳しているのは事業所得を計算したいがためなので、それ以外の収入や支出は全部事業主借・貸で入力します。

 そうか、預金利息は事業所得じゃなくて利子所得だから、事業主借になるんだ。

どこかでちょっとアルバイトして給与収入があっても、親から贈与を受けても同じ仕訳ですよ。

預金利息を受け取った・アルバイトをして給与の入金があった・贈与を受けた

④　預金／事業主借

所得控除も事業所得の計算には関係ない

 カンケイないもの……国民健康保険とか、生命保険料なんかも？

そうです。所得控除の対象のものって、事業所得を計算するには不要のものですからね。

国民健康保険を払った・生命保険料を払った

⑤　事業主貸／預金

個人事業主の生活費引出しも事業所得の計算には関係ない

 個人事業主の生活費も事業所得の経費にならないからこうかな？

個人事業主の生活費引出し

事業主貸／預金

そうです。ともかく事業所得とカンケイないものを突っ込んでおく勘定です。正直、借と貸を反対に入力してしまっても問題ないですし。

 入力するとき、どっちが事業主貸だったっけ、って毎回すごい気をつけて入力してたのに。

 「事業」が事業主本人にお金を渡す、つまり事業主にお金を貸してるから事業主貸が左側にくるのよね。

元入金とは？

もちろん、左側にくるなら事業主貸と入力した方がいいですけど、翌年度の期首にこんな振替仕訳をして、相殺して残額を元入金に突っ込んでしまうので、究極同じなんです。

翌期首の振替仕訳

⑥　事業主借／事業主貸
　　　　　　／元入金
　　当期利益／元入金

そうそう、元入金って？

法人でいうところの資本金みたいなもので、事業を開始するときの元手ですが、さっき言ったように事業主勘定の差額や利益が突っ込まれていくので資本金とイコールではないんですよね。

やっぱりなんだかよくわからない🌀

元入金勘定はマイナスになることもあるんですよ。それでもいいんです。期首振替仕訳は通常システムが自動でやってくれますし、気にしなくて大丈夫ですよ。

第9章

確定申告にまつわる
都市伝説を検証する

　こういう場合は申告しなくていい、これは経費になるのかなど、確定申告書を作成しているといろんな疑問点が出てきて、それを友達に聞いたりネットで検索するといろんな説が出てきて余計に悩むことになってしまったり……。さて、それらの説は一体どれが本当なのでしょうか。

1 「20万円」がカギらしい

給料以外の所得が20万円だと申告しなくていいってホント?

 会社勤めしている友達が、たまにイラストで小銭を稼いでるけど、少しだから申告はしてないって言ってて。本当に申告しなくていいのかな?

その方は正社員ですか?

 そう。

給料をもらっている会社がひとつでその会社で年末調整をしている場合、イラストの所得の合計額が20万円以下の方は確定申告をする必要はないですよ。

 所得、ということは、収入から経費を引いた額ですね。

そうですね。

 もし、正社員の友達が他でアルバイトして、イラストの仕事もしていたら?

2か所から給与を受け取っている場合、年末調整をされなかった給与の収入金額と、イラストの所得金額との合計額が20万円以下であれば確定申告をする必要はありません。

給与は収入でイラストは所得で考えるんだ。

また、2か所からの給与の収入金額の合計額から、所得控除の合計額（雑損控除、医療費控除、寄附金控除および基礎控除を除く。）を差し引いた残りの金額が150万円以下で、さらにイラストの所得金額が20万円以下なら、確定申告をする必要はありません。

20万円という額がキーなのね。

所得税には「少額不追求」という考え方があって、額が小さければお目こぼしがあるんですよ。せっかく年末調整で確定申告いらなくしたのに確定申告の時期、少額の申告で税務署に大勢押しかけられたら大変ですからね。

20万円以内なら、たいしたことないってことかな。

日本のサラリーマンの平均年収は500万円前後といわれています。所得税率は10%と考えて20万円×10%＝2万円。この程度の税金ならもういいよということなんでしょう。
ただし、住民税においてはこの少額不追求という考え方はなくて、申告が必要です。

住民税には少額不追求はない

住民税？

通常、確定申告すれば住民税も一緒に申告したことになりますが、確定申告が不要の場合でも住民税だけ申告する必要があります。

申告必要なんだ！

所得税の少額不追求に引きずられて、「申告不要」と考えてしまっている方も多いですね。

一般人にはわかりにくいなあ。

確定申告をするなら20万円以下であっても全て計上

もうひとつ、「申告不要」の勘違いとして、この20万円以下の分を確定申告に載せなくていい、というのもありますね。

20万円以下なら載せなくていいのでは？

事業所得、不動産所得、雑所得などいろんな所得がありますけど、これらが個別に所得20万円以下なら申告不要なんて決まりはどこにもないんですよ。年末調整しているサラリーマンに小さい額で確定申告をしてほしくないのでお目こぼしがあるんです。

僕や西村さんは確定申告をしなきゃいけないから、事業の他に何か所得があったら、20万円以下であっても全部申告書に載せる必要があるということか。

そうなんです。西村さんのお友達が医療費控除を受けたくて確定申告をする場合、イラストの所得が20万円以下であっても申告書に載せる必要があります。

サラリーマンは医療費控除を申告しない方がお得なこともあるかも🍀

友達に、まずは住民税の申告はいるみたいだよ、って教えなきゃ。所得税と住民税が違うなんて変な感じがしますけど。

違う税法ですから。他にも所得税と住民税でズレている部分ありますよ。株絡みの部分とか。

そうなんだ！　実は僕、父から相続して株もやってて、よくわからないから梅沢さんに聞きたいと思ってたところで。

そうなんですね。株についてはあとで時間を取ってお話ししますね。

② 副業について

申告をすると副業がバレる？

申告すると副業してるって会社にバレちゃうってほんと？　友達が心配してる。

あ、なんか聞いたことあるな。

たぶん、住民税の特別徴収のことですかね。

特別徴収？

サラリーマンのとき、住民税はお給料から天引きされてたでしょう？　そのことです。

総務や人事の人が５月に市区町村から送られてくる特別徴収税額通知書を見て、去年とお給料ほとんど変わらないのにこんなに天引きする住民税の額が増えるなんておかしい、って副業してることに気づくといわれてますね。

気づかれないようにする方法ってないの？

確定申告をする場合や、住民税の申告をする場合に、○を付けるところがありまして。

【確定申告書第2表】

ココ

住民税	非上場株式の少額配当等	非居住者の特例	配当割額控除額	株式等譲渡所得割額控除額	特定配当等・特定株式等譲渡所得の全部の申告不要	給与、公的年金等以外の所得に係る住民税の徴収方法		都道府県、市区町村への寄附(特例控除対象)	共同募金、日赤その他の寄附	都道府県条例指定寄附	市区町村条例指定寄附
						特別徴収	自分で納付				

真ん中あたりの「給与、公的年金等以外の所得に係る住民税の徴収方法」のところの下、「特別徴収」「自分で納付」ってありますけど、ここを「自分で納付」に〇をすれば、副業分の住民税はお給料から天引きされずに納付書が送られてくるんですよ。

20万円未満で住民税だけ申告する場合は……横浜市の申告書の場合は「1普通徴収」に〇ですね。

【横浜市　市民税・県民税申告書】

給与所得・公的年金等に係る所得以外（令和　年4月1日において65歳未満の方は給与所得以外）の所得に係る住民税の納税方法について	1普通徴収	自分で住民税を納付する方法
	2特別徴収	給与から住民税を差引きする方法

なるほど、そうすればバレない。

でも、もし副業も雇用関係にあってお給料としてもらっているとしたら、有無を言わさず特別徴収になっちゃうんです。お給料をもらう先が複数あっても、特別徴収されるのは主たる勤務先からなので。

お給料だと万事休す、かあ。

少人数の会社ならともかく、人事部の人が特別徴収の額をそこまで細かく見てるでしょうかね？　副業をしてるご本人がしゃべっちゃってるんだと思いますよ。

あはは、飲んでるときとかね。

そうそう、酒の席が危ない。人間、うまくいってる時って言いたくなっちゃうんですよ。どこかでしゃべってるんです。それか、SNS とかで。

震源地は自分か。

届出を出せば「事業所得」になる？

イラストを描いている会社員の友達は、住民税の申告をするとき、私と同じように「事業所得」で申告？

お友達、イラストの収入は副業ですよね。正社員だし、本業ではないので事業所得ではなく「雑所得」となります。

副業って事業にならないんですか？

事業所得というのは、簡単にいうとその事業で生計を立てているものなので、正社員の人が夜、自宅で副業をしているのは、まず事業所得にはならないんですよ。生計を維持できるだけ稼いでいて、社会的にも認知度があって、その人の生活はその事業がないと成り立たないものが事業所得。そうじゃないなら雑所得。

メルカリの売上

 最近は不用品をメルカリとかで売るのも流行っていて、友達の中には洋服はワンシーズン着たらメルカリで売ってしまう子もいるくらいだけど、これも申告必要？

 自分の不用品を売っているのは「非課税」ですよ。益も損も無視です。そもそも不用品を売ってもたいした利益にはならないでしょうし。でも、他人から不用品を仕入れて売っているとか、自分で作った小物なんかを売っているのは申告しないとダメ。

 仕入れて売ったり、作ったりしたものは「雑所得」？

 先ほどのイラストを描いているお友達の話と同じですね。それで生計を立てているのならともかく、趣味が高じて少し収入になっているくらいなら雑所得です。

 自分で事業だと思ったら事業、というわけじゃないんだ。

 最近、サラリーマンの副業が流行ってますけど、ほぼ事業所得はダメ。雑所得で申告です。届出を出せば事業所得になると勘違いしている人、結構いるみたいですが。

 雑所得と事業所得って間違って申告すると何か問題がある？

 一番大きいのは損益通算の部分でしょうかね。

233

損益通算？

副業の赤字は損益通算できない

 事業所得はその事業で生計を立てているので、赤字だと生活ができなくなってしまいます。そのため、赤字が出たら、他の所得の黒字から引けます。これを損益通算といいまして、事業所得の他にも不動産所得、山林所得、譲渡所得の赤字も損益通算できます。

【赤字が出た場合に他の所得から引ける所得】

不動産所得　事業所得　山林所得　譲渡所得　＜ フジサンジョウと覚える

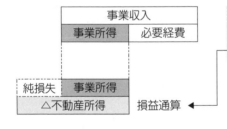

 損益通算できる所得はこの４つです。この４つに入っていない「雑所得」は赤字が出てもそのまま切り捨てられてしまうんです。

 でも、雑所得も黒字なら課税されるのよね。赤字は無視。冷たいなあ。

雑所得は趣味に毛が生えた程度と考えたらちょうどいいかと。税金は、趣味でも稼ぎがあるなら課税するけれど、趣味で赤字が出た場合は面倒みてくれないんです。サラリーマンが趣味の赤字を給料とぶつけて源泉還付申告をした場合、税務署は問題視しますね。

厳しいな😥　生活が苦しくてやってる副業もあるだろうに。

そしたら、赤字の出る副業なんかやめちまえ、ってなるわけですよ。生計を維持するということは、コンスタントに利益が出ることが大切でしょ？

確かに。

事業を始めたけれど、なかなか軌道に乗らなくて初年度赤字で、他でバイトをして生計を立てていたら雑所得になっちゃうの？

それは事業所得で大丈夫です。初年度は経費も多額になりがちですしね。でも週5とかでバイトしてたらそっちが本業ですよねえ。

YouTuberになればなんでも経費で落とせるって本当？

YouTuberって「○○買ってみた」的な動画でめっちゃ高額商品買ったりしてるけど、YouTuberになって、ちょっと撮影に使えば何でも経費になるの？

撮影のあとにどうしてるかですよね。高額な時計や車を YouTuber としての活動にその後も使用しているのであれば事業用ですが、1 回撮影しただけでは難しいでしょう。

そうなのか。実は僕、YouTube やってるんだよね。

ええ？

どんな内容？

僕、帰りが遅いから奥さんとは食事の時間が全く合わないから夜は自分でつまみを作るんだけど、レシピとか話しながら作っているところを YouTube にしたら結構見てくれる人がいて。YouTuber になって収益化すればいろんなものが経費にできるのかと（笑）。

その場合は、美容院とは関係ないので YouTube は「雑所得」になるでしょうね。

雑所得かあ、そしたら損が出ても切捨てになっちゃうのか。

美容師の仕事に関連して、ヘアケアの YouTube でしたら事業所得内で申告となりますかね。

じゃあ、そっちに方向転換して、撮影用の小物としていろいろ買えるかな？

必要なものしかダメですよ。そもそも YouTube の収益化ってかなり難しいんですよ。

そうなの？

YouTube の収益化はチャンネル登録者数が 1,000 人以上、かつ、有効な公開動画の総再生時間が直近の 12 か月間で 4,000 時間以上であることが必要なんです。

ハードル高っ🐝

③ 賭け事で儲かったら？

宝くじや競馬、パチンコに税金はかかるの？

宝くじとか競馬に税金はかかるの？　宝くじ当たったらいいなあって定期的に買ってるんだけど。

宝くじは非課税です。当たっても税金取られません。ですが、競馬は課税です。

どっちもギャンブルみたいなものだと思うけど、違うんだ🐝

ついでにパチンコだって課税ですよ。

パチンコで勝つと税金払わないといけないの!?

基本的に競馬やパチンコは「一時所得」。

【一時所得の計算方法】
（総収入金額－収入を得るために支出した金額－特別控除額（最高50万円）× $\frac{1}{2}$ ＝一時所得の金額

50万円の特別控除があるので利益が出ても年間50万円までは課税されません。

そんな勝つなんてなかなかないんじゃないかな。年間で突っ込んでる額の方が多そう。

そこが落とし穴なんですよ。ここで収入を得るための支出として認められるのは、競馬だと買ったレースの馬券購入代金のみです。

え！　それだと利益出るな、競馬なんて100円で100万円以上勝つ人もいるもん。

競馬は趣味として楽しむ程度なら「一時所得」なので（1,000,000円 － 100円 － 500,000円）×1/2＝249,950円、これに給料とか他の所得を合算して申告しなくちゃですね。

うわ、絶対みんな外れた馬券も引けるって勘違いしてる。当たった馬券の購入代金しか引けないんだ！

億単位の荒稼ぎしていた人が無申告で国税局から告発されて、外れ馬券も経費として引いてくれと訴訟を起こしてましたね。

【100円の馬券で1億円配当を受けた場合の一時所得の金額】

(1億円− 100円− 50万円) × 1/2 = 49,749,950円

 うわー。5,000万円近い所得額になるんだ。

所得控除を考慮してもスズメの涙でしょうから省きますが、税率45%で1,700万円を超える税額になりますね。

 これに住民税もくるのか…。

この裁判を起こした方は、市販の競馬予想ソフトに改良を加えて、ネット上でJRA全競馬場のほぼ全レースの馬券を無差別に購入していたんですよ。

 本格的だな

裁判でも、これは趣味の範囲を超えてるよね、と営利を目的とする継続的行為として認められて「雑所得」と判定され、外れ馬券の購入代金を経費として引けることになりました。

それはよかった。でも、こんな本格的にやってる人はあんまりいないでしょ。趣味の範囲でやっている人は1レース1レースで利益を計算しなきゃいけないってこと？

そうなんですよ。1レースごとに計算して、年間の利益が50万円を超える場合は申告を忘れないようにしないとですね。

④　もらったものも課税です

ふるさと納税の返礼品って課税されるの？

競馬やパチンコも税金がかかるなんて知らなかった。

所得税は、「利得したらなんでも課税」なんです。西村さん、ふるさと納税で返礼品をもらったでしょう？　あれだって本当は所得ですよ。

そうなの!?　いくら載せたらいいんだろう？

ふるさと納税の返礼品の評価額は、総務省が寄附金額の30％内に納めるようにとしているので寄附金額の30％でいいでしょう。

1万円寄附したら3,000円ってとこね。

一時所得になるので、50万円の特別控除がありますよ。

それなら、50万円÷30% ＝ 166万6,666…円を超えて寄附すると課税されるのね。そんなにふるさと納税しないから税金は発生しないな。

GO TOトラベル、GO TOイートは？

モノをもらうのは利得ですよね。利得すると所得税がかかります。GO TO だって課税されるんですよ。

確かに、利得してる。安く旅行に行ったり、食事したりできてる。

じゃあ、親からお金をもらうのも所得税がかかるんですかね？

「利得したらなんでも課税」の所得税としては課税しそうですが、**人から贈与を受けた場合、所得税は非課税**とされています。贈与税という別の税金の話になりますね。

マイナポイントも

なるほど。人以外からもらうと所得税がかかるのか。だから、国や地方自治体から何かもらうと所得税が課税される。

そうですね。なので、マイナポイントだって課税されますよ。

うわ、国からもらうんだもの、確かに人以外から利得してる！

ふるさと納税の返礼品、GO TO系やマイナポイントは一時所得ですので、50万円までは課税されませんが、パチンコや競馬で勝っている人は合算するとどうなるか、ですね。

懸賞の当選も

企業がやっているキャンペーンなどの懸賞に応募して当選した場合も一時所得ですよ。

これも企業からもらってるから、人以外から利得してる！

ただほど怖いものはないなんて言うけれど、本当かも

株主優待も？

じゃあ、株やってて、株主優待なんかでちょっと商品もらったりするんだけど、あれも一時所得？

いえ、あれは雑所得なんですよ。

え、なんで？

一時所得の「一時」はたまたま、というニュアンスです。一時的、偶発的、恩恵的利得が一時所得です。株主優待は株主という地位に基づいて受け取った経済的利益なので、たまたまもらったわけではないからですかね。

人以外から利得すると課税されて、しかも相手との関係で所得の種類が変わるなんて

一時所得は大きなものがあるときは気を付ける

一時所得は 50 万円の特別控除がありますから、50 万円いかなければ申告書に載せなくても問題ありません。それにちょっともらうポイントが 50 万円を超えるってなかなかないと思います。

まあそうだよね。

保険の満期・解約で利益が出た、競馬で勝ったとか、まず 50 万円をはみ出るほど一時所得があった年は他でももらったポイントを集計しなくちゃですけど、そうじゃないなら神経質にならなくても大丈夫ですよ。

第10章

「株式投資」
始めました

　最近、株の申告が増えています。国税庁が発表した数字でも、令和2年は令和元年に比べて申告人員は13.0%、所得ベースでは7.2%増えたということです。国も「貯蓄から投資へ」の流れを作るべく、NISAやiDeCoのような株絡みの制度を用意しています。梅沢さんは、2人に税制面から株について説明しています。

1 NISAやiDeCo って何？

NISA って何？

そうだ、株の申告方法を教えてもらわなくちゃ。

私も株に興味あるけど、毎日株価見て買ったり売ったりはできなさそうで。株をやるなら NISA とか聞くけれど、何がなんだかサッパリ。

そうそう、NISA、iDeCo って最近本もたくさん出てるよね。

とてもおトクな制度ですからね。税金がかからないとか、所得控除が受けられるとか。

株ってなんか優遇されてない？

国としては貯蓄から投資へ移行させたいんですよ。海外投資家の取引額が年々大きくなってきていて、海外投資家から日本の企業を守るために日本国民に株を買って欲しい。それを後押しするための制度が NISA。

バブルがはじけて預金金利も雀の涙。少子化で経済の縮小は避けられないのに高齢化で年金も怪しい。投資で稼いで老後は自分で自分の面倒みてください、というのが iDeCo ですね。

後者の方が身近というか切実というか🍬

 どっちがおトク？

 結論としてはその人個人の状況によってしまうんですが、順にご説明しましょう。まず NISA には、**3つの制度**があって、一人一口座のみ持てることになっています。

移行

	一般 NISA	新 NISA
対象	日本在住 20 歳以上	日本在住 20 歳以上
いつまで	2014 年から 2023 年まで	2024 年から 2028 年まで
非課税期間	5 年間	5 年間
投資上限／年	120 万円	1 階部分 20 万円 2 階部分 102 万円
累計投資上限	600 万円	610 万円
対象商品	上場株式・ETF・投資信託・REIT	1 階部分はつみたて NISA、2 階部分は一般 NISA とほぼ同じ
投資方法	一括買付、積立て	一括買付、積立て

	つみたて NISA	ジュニア NISA
対象	日本在住 20 歳以上	日本在住 0 歳から 19 歳
いつまで	2018 年から 2042 年まで	2016 年から 2023 年まで
非課税期間	20 年間	5 年間
投資上限／年	40 万円	80 万円
累計投資上限	800 万円（＊ 1,000 万円）	400 万円
対象商品	投資信託・ETF	上場株式・ETF・投資信託・REIT
投資方法	積立て	一括買付、積立て

＊ 2018 年から投資していた人

 一般 NISA は、毎年 120 万円までの株式や投資信託などへの投資から生じた利益が 5 年間非課税になります。

一般NISA って何？

例えば、NISA 口座で年間 120 万円株を購入して、売却時 140 万円だったとしたら 20 万円利益が出ますが、これが非課税となります。

株の税金は 20.315% だから 40,630 円の税金が浮くわけか。でも、そんなに簡単に利益出ないからなあ。

売らずに保有して、5 年の非課税期間が経過した場合、①翌年の非課税投資枠に移すか、②課税口座に移すか、③売却を選択することになります。

①をロールオーバーと呼びますが、値上がりしていて 120 万円を超えていても全額ロールオーバー可能ですが、ロールオーバーした分だけ新規の投資はできません。なので、120 万円を超えていると次の年は新規の投資は 0 円。

なんだかわかりにくい。

2017 年に投資した 120 万円が、非課税期間の終了する 2021 年末に 160 万円に値上がりしていて、それをロールオーバーした場合、2022 年の非課税枠をロールオーバーで使い切ってしまったことになるんです。

120万円を超える金額をロールオーバーした場合

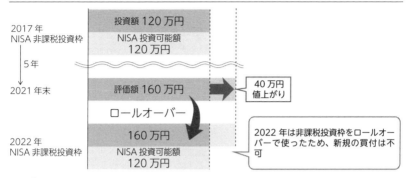

ロールオーバーした額が100万円だったら？

その場合は、2022年の非課税枠は20万円ありますね。

ロールオーバー分、新規投資ができなくなっちゃうのか。新規投資したいなら売って枠を空けなきゃいけないというのは短期売買向きっぽいな。

120万円を超えない金額をロールオーバーした場合

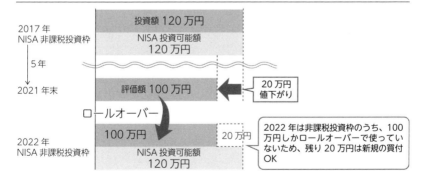

気を付けたいのが②の「課税口座へ移す」を選択した場合です。株の取得価額の付替えが起こります。課税口座に移したときの時価が取得価額になります。取得時より値下がりしていた場合、その値下がりした額が取得価額となります。

非課税期間終了時に保有資産が値下がりした場合

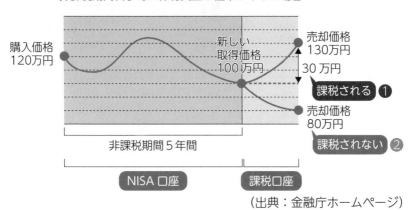

購入価格
120万円

新しい
取得価格
100万円

売却価格
130万円

30万円

課税される ❶

売却価格
80万円

課税されない ❷

非課税期間5年間

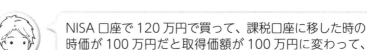

NISA口座　　　課税口座

（出典：金融庁ホームページ）

NISA口座で120万円で買って、課税口座に移した時の時価が100万円だと取得価額が100万円に変わって、売ったときの時価が130万円なら130万円－100万円＝30万円に課税されるのか。

最初から課税口座で買っておけば130万円－120万円＝10万円への課税で済んだのですが、取得価額は100万円に変わってしまっているので。

……って、イチイチめんどくさい！

これじゃあ、非課税期間内に売りたい。

そうなりますよね。一般 NISA は長期の資産形成には向いていないといわれています。しかも、この口座を利用しているのは市場をチェックする時間のあるお年寄りが多い。

国は外国投資家から日本企業を守りたいのであれば、本当は若い人に長期保有して欲しいんじゃないの？

つみたてNISA

そこで、つみたて NISA ができたんですよ。一度設定すれば、指定した金額が自動的に引き落とされて継続的に積立投資することができます。

それが楽でいいな。

つみたて NISA はほったらかし投資ができるので現役世代にはありがたいですよね。投資への心理的ハードルが下がると思います。これだと毎年 40 万円までの投資から生じた利益が 20 年間非課税です。

新NISA

2024 年からは一般 NISA は新 NISA になるんだよね？

そうです。新NISAは2階建てになっていて、1階部分でつみたてNISAの要素を取り入れ、より多くの国民が長期・積立・分散投資を始めるきっかけにし、2階部分は一般NISAの流れを引き継ぎ成長資金の供給を促進できるように制度を見直したと財務省は言ってますね。

現　　行		改正後（2024年以降）

現行

成長資金の供給拡大
（特に長期保有の株主育成）
安定的な資産形成

非課税期間5年
〔600万円〕

安定的な資産形成

非課税期間20年

一般NISA
（2023年まで）

OR

つみたてNISA
（2037年まで）

改正後（2024年以降）

2階
成長資金の供給拡大
（特に長期保有の株主育成）
安定的な資産形成
非課税期間5年
〔510万円〕

1階
安定的な資産形成
非課税期間5年
〔100万円〕

安定的な資産形成

非課税期間20年

新NISA
（2024年から5年の措置）

OR

つみたてNISA
（2042年まで5年延長）

（出典：金融庁ホームページ）

 一般NISAとつみたてNISAのハイブリッド型ね。

1階部分の投資をしないと2階部分の投資を開始できないようになっています。

 今、一般NISAの人はどうなっちゃうの？

5年間の非課税期間終了時に、新NISAにロールオーバーすることが可能ですよ。

ジュニアNISA

ジュニア NISA って？

子どもの将来のために資産形成をという触れ込みでしたが、利用者数があまり増えなくて 2023 年で廃止となります。廃止となっても、制度がただちになくなるわけではなく、現在口座を持っている人は 18 歳になるまで保有することができます。

NISAは損益通算や繰越控除ができない

NISA は非課税なのは嬉しいのですが、課税口座との損益通算ができないし、損失を翌年以降最大 3 年繰り越せる損失の繰越控除がないんですよね。

え！　それだと、NISA 口座で損が出るともったいない。

もともと非課税ですので仕方がないんですよ。

そりゃそうだけど、必ず損が出ないように投資するなんて無理じゃない？

だったら最初から課税口座で投資した方がいいと考える方もいると思います。

私はもともと課税口座を持っていないから、諦めつくかな。

NISA 口座は確定申告不要ですし、はじめやすいかもしれないですね。

iDeCo って何？

次は iDeCo。老後資金準備のための制度なので、受け取るときに税制優遇があります。一括受取りなら退職所得控除がありますし、年金として受け取るなら公的年金等控除を受けられます。

掛金全額所得控除が受けられるので、老後資金を準備しながら所得税・住民税の負担の軽減ができるんですよ。

小規模企業共済（第６章参照）と似てる。

そうですね。小規模企業共済と違うのは、60 歳になるまで引き出せないのと、自分で商品（定期預金・保険商品・投資信託）を決定して運用する、運用益は非課税ですが元本割れの可能性があるという点ですね。

それはリスクがあるなあ。

NISA と変わらないかも。

NISA と違って確実にトクする部分が所得控除。自営業の方は月額最高 68,000 円まで掛けられるので、年間 81 万 6,000 円。これに所得税＋住民税率をかけた分、税負担が軽減されます。

最高額までかけたとして、所得税 10%、住民税 10% とすると、税負担が軽減されるのは 16 万 3,000 円くらいか。株でこれだけの利益をコンスタントに毎年出すのは大変。NISA よりいいかも!?

元本割れしても、所得控除の分は確実にお得なわけね。

減った税金を利益と考えると最低税率の方でも 15% の利回りですからお得ですよね。

どれから始めるべき？

どれがいいんだろう？ NISA と iDeCo は損することがある。iDeCo の所得控除は嬉しいけれど。

	小規模企業共済	一般 NISA	iDeCo
加入・運用期間又は非課税期間	65 歳以上又は廃業時まで	5 年間	20 歳以上60 歳まで
掛金・投資上限（年間）	84 万円	120 万円	14 万 4,000 円～81 万 6,000 円 ※職業により異なる
対象商品		投資信託、国内・国外の株式	定期預金、保険商品、投資信託
税制優遇	・掛金が全額所得控除 ・受け取るときに大きな控除枠がある	運用で増えた利益が非課税	・掛金が全額所得控除 ・運用で増えた利益が非課税 ・受け取るときに大きな控除枠がある
途中引出し	いつでも可（元本割の可能性あり）	いつでも可	原則 60 歳まで不可

 そうすると、途中引出しをしなければ、元本割れがなくて所得控除が受けられて、退職所得控除が適用される小規模企業共済ってすごくない？

 小規模企業共済、優秀！

 NISA は所得のない専業主婦の方などにおススメですね。あとは住宅ローン控除を受けていて、ほぼほぼ所得税や住民税の負担がない方とかにもおススメです。住宅ローン控除を受けていなくて、所得税率の高い方は小規模企業共済、iDeCo、NISA の順でしょうか。

❷ 株で損しちゃった！

特定口座と一般口座

 株で大赤字で申告しなきゃと思いつつ、独立に気を取られて令和３年の３月に令和２年分確定申告をせず放置したまんまで。今、令和４年だけどどうにかなるのかな？

令和２年の確定申告はしてないですよね？

 今まで、「確定申告」をしたことがない（笑）。

それならよかった。

 ？

小林さん、株は「一般口座」ですか？　それとも「特定口座」？

 特定口座です。

源泉徴収アリ？

 アリです。

ちょっと待って、「特定口座」とか「源泉徴収アリ」って何？

 上場株式を売り買いするには、証券会社に口座を開設する必要がありますが、そのときに「特定口座」か「一般口座」のどちらかを選択するんですよ。さらに特定口座には源泉徴収アリとナシがあるんです。

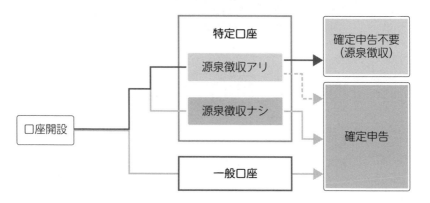

 源泉徴収アリの特定口座は、ぜーんぶ証券会社におまかせ、って感じです。譲渡損益の計算も税金の計算、納税も、証券会社が全部やってくれるので安心です。なんせ「源泉徴収アリ」ですから、税金は天引き済みだし。

 譲渡損益？

 株の売買で出た利益や損失のことですよ。

 源泉アリで、配当の「株式数なんちゃら」とかいうオプションもつけてます。

株式数比例配分方式ですね。それにしておくと、配当もその口座に受け入れることができて、株式譲渡損と配当を自動的に損益通算してくれます。

源泉徴収ナシだとどうなるの？

特定口座源泉徴収ナシだと、損益の計算は証券会社がしてくれますが、源泉徴収がナシなので原則としては確定申告が必要です。ですが、サラリーマンで給与以外の所得が20万円以下なら申告しなくていいので、その場合税金が取られなくてすむんですよ。

あれ？　でも住民税の申告は必要なんでしょ？

そうなんですよ。

じゃあ所得税だけ、20万円×15.315%で30,630円の税金が取られなくて済むのか。

専業主婦の方なら、利益が48万円以下の場合、源泉ナシだと源泉徴収されていませんから税金還付のために確定申告する必要がありません。源泉アリだと申告しないと源泉された税金の還付は受けられませんが。

そうか、48万円までなら利益が出ていても基礎控除で課税所得は0円になって税金も0円。

あとは、源泉ナシ口座は、税金天引きがないので、譲渡益を丸々再投資に回せるので効率的に運用できるというメリットもあります。

一般口座って？

 一般口座は損益の計算を証券会社がしてくれないんです。税金面は特定口座源泉ナシと同様ですね。

 大変になるだけなんだ、なんで一般口座を選ぶ人がいるんだろう？

 非上場株やFX取引、未公開株を扱えるのが一般口座だけだからのようですよ。

複数口座の損益通算や損失の繰越しには申告が必要

 楽だし、僕は特定口座源泉アリでいいや。

 それが一番おススメですよ。特定口座の源泉徴収アリは確定申告せず放置できます。放置なら、口座内の株式譲渡益や配当は合計所得金額に影響しません。

 合計所得金額って今年の利益だよね？

 合計所得金額が48万円以下なら扶養に入れるとかいうヤツよね。

 そうです。口座内の利益は合計所得金額に影響しないので、例えば専業主婦の方が株で何百万円と儲けていても申告不要だし扶養に入れます。

でも、株で損が出た場合、申告した方が得なんでしょ？

 ええ。源泉徴収アリの特定口座の場合でも、他社の口座と損益通算して株式譲渡益や配当から源泉徴収されている税金を取り返したいとか、損失を来年に繰り越したい場合とかは申告した方が有利ですね。

修正申告と更正の請求

 令和2年分、今から申告でも平気なんですよね。

 申告していないならこれからすれば大丈夫ですよ。反対に、申告してしまっていた方が厄介だった可能性もあるので。

 ？

 もし、小林さんが令和2年の確定申告で株の部分を除いて申告をしていたら、特定口座の株については申告不要を選択したことが確定します。後になって、やっぱり株の申告をしたいという変更は認められないんです。

 確定申告って、間違えていても直せないの？

 もっと収入が多かった場合や扶養に入れない人を扶養にしてしまっていた場合などは「修正申告」、経費の計上漏れだとか、扶養を付け忘れていたといった場合は「更正の請求」といって、間違いを直すことは可能です。

修正申告……正しい税額が申告した額より多かった場合、純損失の金額が過大であった場合など

更正の請求……税金を多く納め過ぎていたため還付を受ける、純損失の金額が過少であった場合などに正しくすることを税務署に請求する

 純損失ってなんだったっけ？

 例えば事業所得の赤字が大きくて他の所得と損益通算しても赤字が残っているとそれを純損失といいます。

 純損失の金額が過少だと何が問題なの？

 純損失は青色なら純損失の繰越控除があるので翌年以降3年にわたって損失を繰り越せましたよね。その繰り越す額が正しい額より少なかったら、翌年以降に黒字になったときに損してしまいます。それじゃ困るから正しく直すのが「更正の請求」。

 「申告」じゃなくて「請求」なの？

 「申告」は納税者が自分で税額を計算します。間違えていたから還付して、という内容まで「申告」できてしまうと納税者がどんどん「更正申告」して税金還付を受けられてしまいますからね。直す場合は納税者が税務署に更正を「請求」する形になっています。

一度選択したなら修正申告も更正の請求もできない

でも、源泉徴収アリ特定口座の場合、申告することを選んでも、申告不要を選んでも、どちらを選んでも正しい選択であって間違いを直すわけではないので、一度申告書に記載しないで申告したら、申告書に記載して出し直すことはできないんですよ。

どっちを選んでも間違いじゃない場合は直せないんだ。

申告期限内なら選択し直すことができますが、期限を過ぎたらダメですね。

株をすっ飛ばして確定申告すると、申告不要を選択したことになっちゃうのね。

小林さんは、令和2年分でお母様を扶養にして、株の損失申告をして、それから令和3年分の確定申告ですね。令和3年分を先に出してしまったら損失を繰り越せないので気を付けてくださいね。

令和2年分、さっさと出そう。

株で損が出た場合の確定申告

小林さん、令和2年分の「年間取引報告書」を見せていただけますか？

【令和2年分】

甲社　特定口座源泉アリ	乙社　特定口座源泉アリ
①株式譲渡損　　600,000円	③株式譲渡益　　70,000円
②配当　　　　　20,000円	④配当　　　　　10,000円

特定口座源泉徴収アリの場合、株式譲渡損は必ず同一口座内で損益通算してから他の口座のプラスと損益通算がルールです。

まず、甲社の口座の①と②をぶつけて損は58万円。

	R2　①株式譲渡損　600,000円
②20,000円	甲社口座　株式譲渡損580,000円

そこから、乙社口座のプラスと損益通算することになりますが、乙社口座の株は譲渡損ではないので③だけ申告して、④はしないこともできます。

翌年に譲渡益が出たとき扶養から外れることも

乙社口座の譲渡益と配当は全部甲社の譲渡損とぶつけたいから、そうすると①－②－③－④＝50万円。

令和3年以降に受けられる繰越控除の額は50万円ですね。

甲社口座内で損益通算	R2　①株式譲渡損　600,000円		
	②20,000円	甲社口座　株式譲渡損 580,000円	

乙社口座と損益通算	甲社口座　株式譲渡損 580,000円		
	③70,000円	④10,000円	R3 年へ繰り越す譲渡損 500,000円

令和 3 年はどうでしたか？

まあまあでしたよ。

【令和 3 年分】

甲社　特定口座源泉アリ	乙社　特定口座源泉アリ
①株式譲渡益　　　210,000 円	③株式譲渡益　　　250,000 円
②配当　　　　　　 20,000 円	④配当　　　　　　 10,000 円

甲社、乙社の株式譲渡益と配当合計で 49 万円。繰り越してきた譲渡損が 50 万円だから令和 4 年に譲渡益が出たら 1 万円控除できますね。

この 49 万円は合計所得金額に入るので、扶養に入っている人は気を付けないと。

合計所得金額って今年の利益の合計でしたよね。

そうです。例えば、専業主婦の方だとして、去年の赤字と今年の黒字をぶつけるために申告すると、納税は 0 円であっても、合計所得金額は株式譲渡益の 49 万円。扶養判定の 48 万円を超えてしまい扶養に入れない、ってことになるんです。

R2から繰り越した譲渡損失　500,000円				
①210,000円	②20,000円	③250,000円	④10,000円	R4へ繰り越す譲渡損失 10,000円
R3　合計所得金額 490,000円				

配偶者の場合は正確には配偶者控除で、48万円を超えても配偶者特別控除がありますけど。扶養控除を受けたいときは、④の配当を申告せずに48万円にすれば扶養判定の48万円以内におさまりますね。

R2 譲渡損失　500,000円			
①210,000円	②20,000円	③250,000円	R4へ繰り越す譲渡損失 20,000円
R3　合計所得金額 480,000円			

株式譲渡損が出ていない口座内は株式譲渡益と配当で、申告するかしないか別々に選ぶことができるから、④を申告しなければ扶養に入れるのね。

❸ 株の損益通算や繰越控除で国保が増える!?

税金は引っ込んでも国保が出っ張る

扶養に入っている人だけではなくて、お二人のような個人事業主の方も気を付けていただきたいところがあります。株式譲渡益が出ると国保がアップしてしまうことがあるんですよ。

国保？　国民健康保険がアップする？

【令和3年分】

丙社　特定口座源泉アリ
株式譲渡益　　　　1,200,000円

口座は丙社ひとつのみで、令和2年の譲渡損失が50万円だったとしましょう。この場合、総所得金額等は70万円増加することになります。

総所得金額等って？

総所得金額等は合計所得金額から損失の繰越控除を引いたものです。今年の利益（合計所得金額）から過去3年に発生した譲渡損失を引いたもの。今年の株式譲渡益120万円－令和2年の譲渡損失50万円＝70万円。

	R3　合計所得金額　1,200,000円	
	R3　株式譲渡益　1,200,000円	
繰越控除500,000円	R3　総所得金額等 700,000円	

損失の繰越控除を受けるために申告すると、合計所得金額は120万円増えて、120万円－50万円＝70万円、今年の総所得金額等が増える、ってことか。

国保算定の基準は住民税に準じていて、国保の所得割の計算ベースは総所得金額等です。

源泉アリ口座は天引きで令和3年分譲渡益120万円分の税金は納付済み。確定申告をすれば令和2年の譲渡損失50万円分の天引きされた税金が返ってきますが、50万円を飛び出た70万円分は総所得金額等となり、国保算定基準を押し上げることになります。

確定申告しなければ所得にならないけれど、申告すると所得に含まれちゃう。

国保の所得割は渋谷区だと7.13%ですので、それで計算してみるとこんな感じですね。

① 何もしない状態 | 株式譲渡益 120 万円 |

② 去年の損と相殺 | 繰越控除 50 万円 | 総所得金額等 70 万円 |

【住民税と国民健康保険の負担額】

	住民税		国民健康保険		合計
①	120 万円× 5%	60,000 円		0 円	60,000 円
②	120 万円× 5%	60,000 円	70 万円× 7.13%	49,910 円	84,910 円
	還付 50 万円× 5%	-25,000 円			
	計	35,000 円			

利益が出て去年の譲渡損失の分は税金取り戻せても、国保が上がってトータルで支出が増えてる！

口座内の株式譲渡益 120 万円のうち 50 万円だけを申告できたらいいのに。

それはダメなんですよ。源泉アリの特定口座は申告する、申告しないは口座ごとに選ぶ決まりで、一部だけ申告はできないんです。

住民税だけ「申告不要」を選択できる

国保の算定は住民税の計算に準じます。住民税では株式譲渡益と配当を申告不要にすれば国保が上がらないで済みますよ。

そんなことできるの？

ええ。所得税は確定申告で去年の赤字とぶつけて源泉を取り戻すけれど、住民税は国保が上がるのが嫌だから特別徴収で課税関係を終了させます、ってするんです。

どうやるの、それ!?

第2表の住民税の部分に「特定配当等・特定株式等譲渡所得の全部の申告不要」という欄があるのでそれに〇をつけるとできます。

住民税	非上場株式の少額配当等	非居住者の特例	配当割額控除額	株式等譲渡所得割額控除額	特定配当等・特定株式等譲渡所得の全部の申告不要	給与、公的年金等以外の所得に係る住民税の徴収方法		都道府県、市区町村への寄附（特例控除対象）	共同募金、日赤その他の寄附	都道府県条例指定寄附	市区町村条例指定寄附
						特別徴収	自分で納付				
	円		円	円	〇	○	○	円	円	円	円

特定配当等・特定株式等譲渡所得って？

特定口座源泉アリ口座に入れている配当と株の譲渡益です。

令和3年の税正改正で住民税は全部申告不要にしたいなら確定申告のみで申告手続が完結できるようになりました。

一部だけ申告不要としたいならこの申告書を提出します。これは渋谷区のものですが、市区町村によっては市民税・県民税申告書を提出して概要欄にその旨を記載となっているところもありますね。地方自治体によって形式が変わるので、お住まいの自治体のホームページから取得します。

別記第6号様式（第5条関係）

年　　月　　日

渋谷区長　殿

年度（　　年分）特別区民税・都民税
特定配当等・特定株式等譲渡所得金額申告書

1月1日現在の住所	渋谷区 ○○ ○-○-○		個人番号	×	×	×	×	×	×	×	×	×	×	×	×
			フリガナ												
現住所	（上記の住所と違う人は記入してください）		氏名	○ ○ ○ ○ ㊞											
電話番号	××-××××-××××	生年月日 ××年×月×日	作成税理士（連絡先等）	㊞											

私は、上場株式等の配当所得等および譲渡所得等に係る特別区民税・都民税の課税方法について、所得税の確定申告とは異なる課税方法を選択します。

確定申告した（予定含む）上場株式等の所得

上場株式等の配当所得等	総合課税分	円	住民税の源泉徴収税額	円
	分離課税分	円	住民税の源泉徴収税額	円
上場株式等の譲渡所得等		円	住民税の源泉徴収税額	円

該当する箇所にチェック☑をつけてください。

☐　①上記の上場株式等の所得について、住民税ではすべて申告不要とします。

☐　②上記の上場株式等の所得について、住民税では以下の所得とします。

上場株式等の配当所得等	総合課税分	円	住民税の源泉徴収税額	円
	分離課税分	円	住民税の源泉徴収税額	円
上場株式等の譲渡所得等		円	住民税の源泉徴収税額	円

注意事項

※所得税と異なる課税方式を選択できる上場株式等に係る配当所得等及び譲渡所得等は、所得税 15.315%（復興特別所得税分含む）、住民税5%が源泉徴収（特別徴収）されているものに限ります。所得税率が 20.42%の非上場配当所得等や、住民税が源泉徴収（特別徴収）されていない上場株式等の所得は、対象とはなりません。上場株式等の所得と判断がつかない場合は、確定申告書の内容で住民税を課税することがあります。

※納税通知書がすでに送達されている場合は、この申告は無効となります。

必ずしも住民税申告不要にすれば有利になるワケではない、というのがめんどうなところなんですけど。繰越控除が60万円、70万円、100万円のケースを見てみましょう。

① 住民税申告不要（「全部の申告不要」に〇）　　| 株式譲渡益 120 万円 |

② 住民税申告　　| 繰越控除 60 万円 | 総所得金額等 60 万円 |

③ 住民税申告　　| 繰越控除 70 万円 | 総所得金額等 50 万円 |

④ 住民税申告　　| 繰越控除 100 万円 | 総所得金額等 20 万円 |

【住民税と国民健康保険の負担額】

	住民税		国民健康保険		合計
①	120 万円×5%	60,000 円		0 円	60,000 円
②	120 万円×5%	60,000 円	60 万円×7.13%	42,780 円	72,780 円
	還付 60 万円×5%	-30,000 円			
	計	30,000 円			
③	120 万円×5%	60,000 円	50 万円×7.13%	35,650 円	60,650 円
	還付 70 万円×5%	-35,000 円			
	計	25,000 円			
④	120 万円×5%	60,000 円	20 万円×7.13%	14,260 円	24,260 円
	還付 100 万円×5%	-50,000 円			
	計	10,000 円			

一番下のケースは住民税の申告をした方がいいですね。

株式譲渡益と繰越控除の額の差が小さくて総所得金額等が小さければ国保がさほど増えませんからね。

この「国保が増える問題」は損失の繰越控除の場合だけでなく、源泉徴収アリ特定口座を複数持っていて、口座間の損益通算後に株式譲渡益が残る場合にも発生します。

甲社　特定口座源泉アリ		乙社　特定口座源泉アリ	
①株式譲渡損	100,000 円	③株式譲渡益	500,000 円
②配当	20,000 円		

甲社口座の株式譲渡損を乙社口座の株式譲渡益③と損益通算するために確定申告するとします。①と②を損益通算して8万円の株式譲渡損。乙社口座の③50万円と損益通算すると42万円、合計所得金額と総所得金額等が増えることになりますよね。

① 　住民税申告不要（「全部の申告不要」に○）　| 株式譲渡益 50 万円 |

② 　住民税申告　| 譲渡損失 8 万円 | 総所得金額等 42 万円 |

【住民税と国民健康保険の負担額】

	住民税		国民健康保険		合計
①	50 万円× 5%	25,000 円		0 円	25,000 円
②	50 万円× 5%	25,000 円	42 万円× 7.13%	29,946 円	50,946 円
	還付 8 万円× 5%	-4,000 円			
	計	21,000 円			

この場合、住民税の申告をすると天引きされている住民税 4,000 円が戻ってくるけれど、42 万円× 7.13% ＝ 29,946 円国保が増えてしまうから、25,946 円かえって負担が大きくなってしまう。住民税の申告をしない方がいいな。

扶養におさまるかどうかを気にしてる方は「合計所得金額」の欄を、国保を気にしてる方は「総所得金額等」の欄を見ていただいて、「増加」に当てはまるパターンのときは気を付けていただけたらと思います。

【特定口座源泉徴収アリ　上場株式等の申告内容と所得の変化】

申告の内容	申告の結果、上場株式等の所得が	合計所得金額	総所得金額等
当年のＡ口座の株式譲渡損失とＢ口座の譲渡益を損益通算する	ある	増加	増加
	ない	影響なし	影響なし
当年の株式譲渡損失を翌年以降に繰り越す	ない	影響なし	影響なし
当年の株式譲渡益から過去年の譲渡損失を繰越控除する	ある	増加	増加
	ない	増加	影響なし

扶養に入りたい場合　国保加入者の場合

４ 上場株式の配当

総合課税と申告分離課税

株の売り買いはしないで配当だけ受け取っている人もいますが、その場合、所得税率が23%までの人は配当を総合課税で確定申告をした方が有利だったりします。

 総合課税？

申告方法です。「申告分離課税」と「総合課税」の2つあります。配当は、所得税と住民税が源泉徴収されているので申告不要を選ぶこともできます。

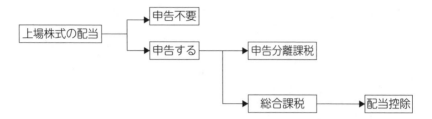

上場株式の配当 ─→ 申告不要

上場株式の配当 ─→ 申告する ─→ 申告分離課税

申告する ─→ 総合課税 ─→ 配当控除

申告分離課税……他の所得とは分離して税額を計算し、確定申告によって
　　　　　　納税する課税方式

総合課税……事業所得や給与所得、一時所得など他の所得と合算した課税
　　　　　所得に、所得税の税率をかけて税額を算出する課税方式

株式譲渡損と損益通算する申告の仕方は申告分離課税。
株の申告は申告分離課税のみなので、株の譲渡損失と損
益通算する場合は株に引きずられて配当も申告分離課税
となります。

配当は、総合課税と申告分離課税どちらか有利な方を選
択できますが、その年に申告する上場株式の配当の申告
方法は総合課税と申告分離課税のどちらかに統一する必
要があります。

配当控除

株の売買をしていない場合、株式譲渡損がないので損益
通算をする必要はありませんから申告分離課税の選択肢は
消えます。

あとは、申告不要を選択するか、総合課税で申告するかの
２択ですが、総合課税だと「配当控除」の適用があるんで
す。

配当控除？

配当はすでに法人税が課税された後のものなので、配当に所得税を課税して二重課税になるのを避けるため、配当所得の 10% 又は 5% の額が税額より控除されます。それが配当控除。

理屈はよくわからないけれど、ともかく配当の 10% とか、税金が安くなるのか。

源泉徴収アリの特定口座で申告不要を選択すると所得税は 15% 源泉徴収ですが、申告すると配当控除があるので税率が 23% 以下の人は税負担が軽くなるんです。

【配当所得の所得税率比較】

課税所得金額	所得税率 A	配当控除 B	確定申告をした場合の税率 A − B	源泉徴収税率
195 万円以下	5%	10%	0%	15%
195 万円超〜 330 万円以下	10%	10%	0%	15%
330 万円超〜 695 万円以下	20%	10%	10%	15%
695 万円超〜 900 万円以下	23%	10%	13%	15%
900 万円超〜 1,000 万円以下	33%	10%	23%	15%
1,000 万円超〜 1,800 万円以下	33%	5%	28%	15%
1,800 万円超〜 4,000 万円以下	40%	5%	35%	15%
4,000 万円超	45%	5%	40%	15%

（復興特別所得税を除いています。マイナスは 0%と表示）

税率が 23% なら、23% −配当控除 10% で実質的な税率は 13%。

天引きされてる源泉所得税は15%だから、税率が23%以下なら申告した方が税負担が軽くなるのね。

でも、住民税は絶対に申告不要の方が有利なんですよ。

【配当所得の住民税率比較】

課税所得金額	住民税率	配当控除	確定申告をした場合の税率	特別徴収税率
1,000万円以下	10%	2.8%	7.2%	5%
1,000万円超	10%	1.4%	8.6%	5%

本当だ、確定申告をした場合の方が確実に税率が高くなってる。

所得税の申告をした方が有利だから確定申告をする。そうすると、住民税も自動的に申告してしまうので、確定申告書の住民税の部分「特定配当等・特定株式等譲渡所得の全部の申告不要」に〇をつけて住民税では申告不要とする旨の申告をする方が有利になります。

反対に、所得税率が高い人は所得税も申告不要が有利なのね。

このあたりの金融税制は富裕層優遇だという批判がありますね。45%の最高税率の人でも申告不要を選べば配当分は20.42%の課税で済みますから。

これかぁ、岸田首相がメスを入れようとしてやめたのは。

5 非上場株式の配当

所得税の申告は選択、住民税は必ず確定申告書に記載

農協とか信用金庫は非上場。農協や信用金庫に口座のある人や借入のある人は出資していることが多いですが、小林さん、メインバンクはどちらですか？

○○信用金庫ですよ。……そういえば、配当が通帳に入ってる。

非上場株式の配当は支払時に復興特別所得税を含めて20.42％源泉徴収されています。少額配当といったりしますが、1銘柄について【10万円×配当計算期間の月数÷12】以下のものは所得税で申告不要を選択できます。

所得税は天引きされてるんだ。住民税は？

住民税は天引きされていないので申告が必要です。住民税の申告書を出すのではなく所得税の確定申告書第2表に記載する欄があります。

住民税の欄の一番左、「非上場株式の少額配当等」に、第1表⑤に記載した申告する配当の額と申告不要を選択した非上場株式の配当の額を足した額を記載します。

確定申告書第2表

住民税	非上場株式の少額配当等	非居住者の特例	配当割額控除額	株式等譲渡所得割額控除額	特定配当等・特定株式等譲渡所得等の全部の申告不要	給与・公的年金等以外の所得に係る住民税の徴収方法		都道府県、市区町村への寄附（特例控除対象）	共同募金、日赤その他の寄附	都道府県条例指定寄附	市区町村条例指定寄附
						特別徴収	自分で納付				
	円		円	円		○	○	円	円	円	円

これも上場株式の配当と同じで、税率によって所得税も申告した方が有利なこともあるんです。

	所得税（復興特別所得税を含む）	住民税
住民税のみ申告	20.42% 源泉徴収	10% −配当控除
所得税、住民税申告	各人の所得税率−配当控除	10% −配当控除

どっちにしろ住民税は取られるので、所得税の比較になりますが、非上場株式の配当所得の申告は総合課税のみで「配当控除」があります。

配当控除、上場株式のときにみたヤツね。

そうです。所得税率が 20% の人は配当控除 10% を引いた実質 10% 課税されることになるので、税率が 23%までの人は所得税も申告した方が有利になるんですよ。

天引きされている税率 20.42%よりも「所得税率−配当控除の 10%」の方が低いなら、申告すれば低い税率が適用されるからお得。23% − 10% で 13% だけど、33% − 10% は 23% になるから所得税率が 23% の人までが申告した方が有利ってことか。

税率が 23% ということは所得が 900 万円までですからね、大半の人が申告した方が有利ですよ。

税率が 23%と 33%の申告した場合としなかった場合の税額を比較してみましょう。

【所得税率が23%の場合】

	所得税で配当申告			所得税で配当申告不要	
	所得税	住民税		所得税	住民税
事業所得	8,000,000	8,000,000	事業所得	8,000,000	8,000,000
配当所得	100,000	100,000	配当所得	0	100,000
基礎控除	480,000	430,000	基礎控除	480,000	430,000
課税総所得金額等	7,620,000	7,670,000	課税総所得金額等	7,520,000	7,670,000
配当控除	10,000	2,800	配当控除	0	2,800
税額	1,129,838	766,700	税額	1,116,565	766,700
源泉徴収税額・特別徴収税額	20,420		源泉徴収税額・特別徴収税額		
納付税額	1,109,400	766,700	納付税額	1,116,500	766,700
年税額	1,129,820	766,700	年税額　所得税は20.42%源泉徴収されている 20,420円を払済みのため	1,136,920	766,700
合計	1,896,520		合計	1,903,620	

所得税でも申告した方が7,100円有利

※　復興特別所得税を含む。

【所得税率が33%の場合】

	所得税で配当申告			所得税で配当申告不要	
	所得税	住民税		所得税	住民税
事業所得	10,000,000	10,000,000	事業所得	10,000,000	10,000,000
配当所得	100,000	100,000	配当所得	0	100,000
基礎控除	480,000	430,000	基礎控除	480,000	430,000
課税総所得金額等	9,620,000	9,670,000	課税総所得金額等	9,520,000	9,670,000
配当控除	10,000	2,800	配当控除	0	2,800
税額	1,662,800	966,700	税額	1,639,317	966,700
源泉徴収税額・特別徴収税額	20,420		源泉徴収税額・特別徴収税額		
納付税額	1,642,300	966,700	納付税額	1,639,300	966,700
年税額	1,662,720	966,700	年税額　所得税は20.42%源泉徴収されている 20,420円を払済みのため	1,659,720	966,700
合計	2,629,420		合計	2,626,420	

所得税は申告不要とした方が3,000円有利

※　復興特別所得税を含む。

ほんとだ、所得税率が23%の場合は申告する方が有利になってる。

申告不要とかいって、しなくていいのは楽だけど税率が低いと税金多く取られてるんだ。

配当割額控除額と株式等譲渡所得割額控除額

第2表の住民税の欄、非上場株式の少額配当等のひとつおいて右隣りふたつは？

これは申告することにした上場株式の配当や株式譲渡益から5％特別徴収された税額を記載します。

住民税は申告不要にする場合でも？

ええ、確定申告すると住民税も申告するとなってしまうので、とりあえず申告することとした配当などから特別徴収された税額を記載して、住民税はとなりの「特定配当等・特定株式等譲渡所得の全部の申告不要」に○を付けて申告不要とします。

確定申告書B第2表

住民税	非上場株式の少額配当等	非居住者の特例	配当割額控除額	株式等譲渡所得割額控除額	特定配当等・特定株式等譲渡所得の全部の申告不要	給与、公的年金等以外の所得に係る住民税の徴収方法		都道府県、市区町村への寄附（特例控除対象）	共同募金、日赤その他の寄附	都道府県条例指定寄附	市区町村条例指定寄附
			円	円	○	特別徴収 ○	自分で納付 ○				

エピローグ

株は難しい

 最後の株は難しかった……住民税の申告書を出した方が有利になる、ってとこ。一生投資はやらないでおこうと決心しかけちゃった。

すいません、できる限りわかりやすく説明しようと頑張ったんですけど。令和2年までは住民税の「全部の申告不要」欄が確定申告書になくて、国保が上がらなくて済むようにするには住民税の申告書を提出する必要があるというアドバイスを税理士がしなくてトラブルになったケースもあったので、大事だなと思って。

 そうなんだ！　税理士でもわからないんじゃ、私にわかるわけないわ。

 ま、個人事業主は株に手を出す前に小規模企業共済から、かな。

電子取引の保存の対応、できるかな？

 あと、ビックリしたのが、電子取引の保存。

 そうだよね。今までは紙保存でよかったのに、急に言われても。

あれは税理士も焦った改正でしたね。国税庁が令和3年11月に公表した「お問合せの多いご質問」では電子データ以外であっても直ちに経費性を否定はしないとされていますけど、法律上は電子データで保存なので、とりあえず、フリーランスの方はエクセル管理表と電子取引事務規程を作成して乗り切る感じになりそうですね。

インボイス制度も待ったなし

最大の衝撃はインボイス制度。

確かに。西村さんは課税事業者にならなくちゃいけないんだもんなあ。

業態によって影響があったりなかったりしますね。BtoBは気を付けないと。

小林さんのような美容室や、街のお総菜屋さんや、マッサージ店のようなサービスや商品を購入した人が一般消費者の場合は影響ないのよね。羨ましい。

あれ？　こないだ友達が車を売りたいと言っていたんだけど、中古車販売店は友達みたいな一般人から買っている。出版社が西村さんからイラストを買うのと同じ？

それを言うなら中古住宅も？　仕入れ先が一般消費者でそもそも事業者じゃないから、免税事業者から仕入れるのと同じで仮払消費税がゼロになっちゃうってこと？

中古車販売や中古住宅販売は、これまで通り仮払消費税はあるとして処理できるんです。仕入税額控除が認められることになってるんですよ。

そうなんだ！

業界のロビー活動の成果ですかねえ。

そういうの、ズルい！

ほんとのところはわからないですけどね。車も住宅も国民の生活に密着していますから、これらの流通が滞ると大変なことになるでしょうし。

確かに。

インボイスがなくても仕入税額控除が認められる取引はほかにもあって、バスや電車を利用したときや郵便切手を貼ってポストに投函した場合なんかもそうですよ。

それは助かる。電車なんて、イチイチもらってたら改札が大混乱。

納税という国民の義務を果たすことで信用を得られる

新しいことがたくさん出てきて今はカオス状態でしょうけど、納税は国民の義務ですし、自分で申告して納税するのが日本の原則なのであきらめて頑張りましょう。確定申告なんて慣れちゃえばなんてことありませんから大丈夫ですよ。

まさか自分で申告して納税するのが原則とは知らなかった。

サラリーマン時代は源泉徴収票が所得を証明してくれて、おうちを借りたりマイカーローンを組んだりできましたが、これからはご自身が提出する確定申告書がその役割を担います。

そっか、私がちゃんと稼いでますって、確定申告書が証明してくれるんだ。

なので、税金を払いたくないとばかりに脱税まがいのことをして、所得がないとなると、ご自身の信用がなくなってしまうんです。

それは困る。

なので、正しく申告するということは、ご自身を守ることにもつながるんですよ。

確かに。

むずかしかったけど、頭が良くなった気がする！
今日は頑張ったから、このあと飲みに行きません？

 お子さん大丈夫？

 うん、お母さんがひろゆきのこと見てくれるって！

 それなら安心。梅沢さんも行きましょうよ。
Concerto さんがいいな。

 これって経費になります？

著者紹介

高山　弥生（たかやま　やよい）
　税理士。1976 年埼玉県出身。早稲田大学大学院商学研究科修了。
　一般企業に就職後、税理士事務所に転職。顧客に資産家を多く持つ事務所であったため、所得税と法人税の違いを強く意識。「顧客にとって税目はない」をモットーに、専門用語をなるべく使わない、わかりやすいホンネトークが好評。
　自身が税理士事務所に入所したてのころに知識不足で苦しんだ経験から、にほんブログ村の税理士枠で常にランキング上位にある人気ブログ『3 分でわかる！会計事務所スタッフ必読ブログ』を執筆している。
　著書に『税理士事務所に入って 3 年以内に読む本』『税理士事務所スタッフが社長と話せるようになる本』『税理士事務所スタッフは見た！　ある資産家の相続』『個人事業と法人　どっちがいいか考えてみた』（税務研究会出版局）がある。

『3 分でわかる！会計事務所スタッフ必読ブログ』
はこちらから▶

フリーランスの私、初めて確定申告してみた

令和3年12月15日　初版第1刷印刷　　　　　　　　　　　　（著者承認検印省略）
令和3年12月24日　初版第1刷発行

ⓒ　著　者　　高　山　弥　生

発行所　　税 務 研 究 会 出 版 局

週刊「税 務 通 信」発行所
　　　「経 営 財 務」

代表者　　山　根　　　　毅

郵便番号100-0005
東京都千代田区丸の内1-8-2 鉄鋼ビルディング
＜税研ホームページ＞　https://www.zeiken.co.jp

乱丁・落丁の場合は、お取替え致します。　　　　　　　イラスト　夏乃　まつり
　　　　　　　　　　　　　　　　　　　　　　　印刷・製本　奥村印刷株式会社

ISBN 978-4-7931-2655-0